Anaïs Malfilatre
Mit Fotografien von Fabrice Besse

Nähideen für BABYS & KINDER

16 Projekte aus Stoffresten

Bassermann

Einleitung

Den meisten von uns ist inzwischen bewusst, dass wir unser Verhalten und unsere Gewohnheiten ändern müssen, um unseren ökologischen Fußabdruck zu reduzieren. Wir müssen die Art und Weise, wie wir mit dieser Welt umgehen, neu gestalten und dürfen nicht mehr so viel wegwerfen.

Die gute Neuigkeit: Es gibt eine kreative und einfache Lösung, um nützliche, schöne und ökologisch sinnvolle Dinge herzustellen: das Nähen! Accessoires aus Stoff zu nähen ist eine schöne Möglichkeit, kleine umweltbelastende Wegwerfartikel durch waschbare, wiederverwendbare und somit nachhaltige Dinge zu ersetzen.

Wenn kleine Bäche große Flüsse erschaffen, dann lassen Sie uns mit der Herstellung von kleinen Dingen etwas Großes für die Umwelt tun – mit Gegenständen, die leicht zu recyceln sind oder für die selbst Rohstoffe wiederverwendet werden, um diesen ein zweites Leben zu schenken ...

Gehen Sie diesen Weg zusammen mit Ihren Kindern, denn mit einem guten Beispiel vor Augen werden sie später verantwortungsvolle Erwachsene. Gehen Sie das Nähen mit Enthusiasmus und Freude an! Dank des Beispiels, das Sie ihnen geben, werden Ihre Kleinen in Zukunft diesen Planeten mit der Achtsamkeit und Kreativität bewohnen, die Sie selbst zeigen. Sie sind Vorbild für die Erwachsenen von morgen. Seien Sie stolz auf sich, und sorgen Sie dafür, dass Sie einmal stolz auf Ihre Kinder sein können.

Viel Vergnügen beim Lesen und vor allem beim Nähen!

Anaïs

Inhalt

Hinweise

- Für jedes Projekt werden Anwendung, Material, Zeitaufwand und Schwierigkeitsgrad der Arbeit (1 = leicht, 2 = etwas schwieriger, 3 = anspruchsvoll) angegeben. Außerdem gibt es Informationen zu Pflege und Reinigung des Produkts, Tipps zum Nähen, mögliche Alternativen ...
- Die Schritt-für-Schritt-Abbildungen ergänzen die Texte.

Das Zero-Waste-Konzept

Umweltfreundliche, wiederverwendbare Textilien verursachen deutlich weniger Müll als Wegwerfartikel, doch werde ich oft gefragt, wie es denn mit der Umweltbelastung dieser Accessoires in Bezug auf Wasser- und Energieverbrauch stehe. Die Frage ist berechtigt, denn wenn diese gewaschen werden, verbraucht man

- Wasser
- Waschmittel
- Strom aus umweltbelastender Energieerzeugung

Die Frage ist leicht zu beantworten. Um die Verwendung unserer Zero-Waste-Produkte zu optimieren, empfiehlt die Gesellschaft für Umwelt und Stromverbrauch (ADEME, *Agence de l'environnement et de la maîtrise de l'énergie*):
»Es ist unerlässlich … in einer voll beladenen Maschine vorzugsweise bei 60 °C [statt bei 90 °C] zu waschen, eine Waschmaschine der Energieklasse A++/A+++ zu verwenden, auf Waschmittel mit einem Öko-Label zurückzugreifen und nicht überzudosieren, im Freien zu trocknen und die jeweiligen Gegenstände möglichst nicht zu bügeln.«

Sie finden in diesem Buch 16 Nähideen für nachhaltige Produkte, darunter:

- Spucktücher
- Waschhandschuhe
- Täschchen in Fuchsform für die Waschhandschuhe
- Wärmekissen für die kleinen Beschwerden der ganz Kleinen
- Lätzchen zum Überziehen
- Schmusetuch mit Tasche
- Isoliertasche für Babygläschen
- Stoffservietten und Taschentücher
- Taschentuchspender
- Spielzeugsack mit Tunnelzug
- Trinkflaschentasche
- Nackenhörnchen
- Töpfchen-Trainingshose und Windeln

Ich beschreibe die verwendeten Stoffarten und ihre genauen Maße sowie das nötige Nähzubehör; ich liefere die Schnittmuster oder erkläre Ihnen, wie sie zu zeichnen sind; zeige Ihnen in anschaulichen Schritt-für-Schritt-Erklärungen, wie Sie beim Nähen vorgehen, und gebe Ihnen Tipps für Pflege und Reinigung des fertigen Produkts.

Willkommen beim Zero-Waste-Abenteuer!

Das Material

NÄHZUBEHÖR

- Nahttrenner
- 4 Scheren
  - > klein für Fäden
  - > groß für den Stoff
  - > Zackenschere, um Nahtzugaben abzuschneiden
  - > Papierschere
- Rundkopf-Stecknadeln oder Nähclips/ bzw. Stoffklammern sowie ein Stecknadelkissen oder ein Magnet zur Ablage
- Nähnadeln für das Nähen von Hand
- Sicherheitsnadeln und eine Wollnadel
- Maßband
- Unterfaden-Spulen und eine Schachtel zur Aufbewahrung
- Schneiderkreide oder ein Textilmarker für dunkle Stoffe
- Tisch und Bügeleisen
- Garnrollen (farblich zu Ihren Stoffen passend)

KOPIEREN VON SCHNITTMUSTERN

- Pauspapier oder transparentes Papier, um die Schnittmuster von S. 85 ff. zu kopieren
- Markierstifte (Trickmarker), die beim Bügeln unsichtbar werden – ideal, um Markierungen zu zeichnen und später zu löschen
- auswaschbare Markierstifte oder Filzstifte für Kinder (Sie finden sie in Hobbyläden), um die Schnittmuster auf die Stoffe zu übertragen: die Linien verschwinden beim Waschen ab 30 °C
- Eine Rolle Zeichenpapier, um ein Schnittmuster aufzuzeichnen (in Hobbyläden erhältlich)
- ein großes Lineal von 40 cm Länge und ein Zeichendreieck
- Metallscheiben für Heimwerkerbedarf aus dem Baumarkt, um die Stoffe zu beschweren. Wählen Sie möglichst schwere!
- DIN A4-Taschen mit Druckverschluss oder Klarsichthüllen, um die Schnittmuster zu ordnen
- Die Schnittmuster können Sie auch unter folgendem Link herunterladen: www.bassermann-verlag.de/naehideen-babys

Die Nähmaschine

»Besser eine gute gebrauchte als eine minderwertige neue!«

Man hört oft, es sei für Nähanfängerinnen besser, wenig in eine Maschine zu investieren, »weil man ja nie weiß ...«. Wenn man dann nach einigen Versuchen feststellt, dass einem das Nähen doch nicht wirklich liegt, hätte man zumindest nicht allzu viel Geld umsonst investiert.

Ich bin da anderer Meinung: Gerade dann, wenn man mit dem Nähen anfängt, braucht man eine gute Nähmaschine! Man weiß ja nicht, wie die Maschine funktioniert, was normal ist. Ist es normal, wenn der Faden sich ringelt? Wenn er reißt? Man hat Angst vor allem: Das Einfädeln ist ein Martyrium, das Auswechseln einer Nadel ein Opfergang ... Eine leicht zu bedienende, zuverlässige Nähmaschine ist die beste Verbündete für den Anfang: sie ist leichter einzufädeln, macht weniger Probleme und erleichtert das Lernen. Eine gute Nähmaschine ist ein Muss, vor allem für Anfängerinnen!

Die Marken Pfaff, Brother, Janome und Juki sind meiner Meinung nach vertrauenswürdig und garantieren Qualität. Auch Husqvarna, Singer oder – für den größeren Geldbeutel – Bernina sind bekannte und bewährte Marken. Und wenn ich Ihnen einen Rat geben darf: Ziehen Sie eine gute gebrauchte Maschine einer schlechten neuen vor!

Wie steht es mit der alten Nähmaschine der Großmutter oder Großtante? Stürzen Sie sich darauf, wenn Sie jemanden kennen, der Ihnen zeigen kann, wie sie funktioniert, und ziehen Sie die Wiederverwendung dem Neukauf einer billigen Maschine vor. Wenn niemand Sie bei der Handhabung einer alten Nähmaschine anleiten kann (vergessen Sie nicht, sie überholen zu lassen: Einstellung, Ölen ...), ist es vielleicht besser, mit einer neuen Maschine zu beginnen. Achten Sie darauf, dass die Maschine einfach zu bedienen ist und dass sie gewisse Komfortfunktionen wie einen Geschwindigkeitsregler hat, um ganz vorsichtig und langsam zu nähen, eine Nadelstopp-Funktion, um über Ecken zu nähen, eine Einfädelhilfe ....

WELCHE MASCHINE EIGNET SICH?

Die Projekte, die ich Ihnen vorschlage, erfordern keine besonderen Funktionen auf Ihrer Nähmaschine. Sie sind daher ideal für den Anfang. Wir werden überwiegend mit Baumwolle, Frottee oder beschichteter Baumwolle nähen und Grundfunktionen wie Gerad- und Zickzackstich verwenden.

Für den kleinen Geldbeutel und die gelegentliche Nutzung rechnen Sie mit 100 bis 150 €. Wählen Sie eine robuste Maschine, auch wenn Sie nicht alle Funktionen hat.

Für den etwas größeren Geldbeutel empfehle ich Ihnen, 200 bis 500 € anzulegen.

Finden Sie einen guten Kompromiss zwischen dem zur Verfügung stehenden Budget und der Qualität der Verarbeitung: Bevorzugen Sie Metall anstelle von Plastik, ein schwereres, aber solides Gehäuse. Achten Sie darauf, dass die Maschine mit genügend Funktionen ausgestattet ist, wenn Sie lange Freude an Ihrer Maschine haben wollen.

Die Stoffe

DIE LABELS GOTS UND OEKO TEX

Beginnen wir mit einer wichtigen kleinen Präzisierung: Die sogenannten Bio-Stoffe werden aus natürlichen Pflanzenfasern gewonnen (Baumwolle, Leinen, Hanf, Jute, Ramie, Nessel), die ohne Verwendung von Pestiziden oder Insektiziden angebaut werden. Der Begriff »Bio« ist keine Zertifizierung, sondern gibt an, wie die verwendete Textilfaser angebaut wurde.

Wenn Sie Ihre Stoffe kaufen, gibt es zwei Labels, auf die Sie achten sollten:

- Die Zertifizierung GOTS *(Global Organic Textile Standard)* für Bio-Stoffe.

Textilunternehmen, die diese Zertifizierung erhalten haben, müssen ihre Stoffe mit einem 70%igen Mindestanteil an biologischen Fasern herstellen. Alle ihre Anlagen müssen den sozialen Kriterien auf Grundlage der *International Organisation of Employers* entsprechen, das heißt: Sie bieten ihren Angestellten und den Landwirten, mit denen sie in einem fairen Handel zusammenarbeiten, akzeptable Arbeitsbedingungen und faire Löhne.
Außerdem müssen die Fabrikanten während der verschiedenen Stufen der Stoffherstellung und -verarbeitung Vorgehensweisen anwenden, die Abfälle und Ausschuss minimieren. Die Unternehmen, die diesem Anspruch gerecht werden wollen, müssen über die Verwendung chemischer Produkte, den Wasserverbrauch und den Umgang mit Abwasser ebenso Rechenschaft geben wie über die Beseitigung von Klärschlamm. Die Abwässer aus Betrieben, die pflanzliche Fasern in Stoffe umwandeln, müssen in einer internen oder externen betrieblichen Abwasserbehandlungsanlage gereinigt werden, bevor sie in die Umwelt gelangen. Es handelt sich also um eine anspruchsvolle Zertifizierung, die ein ökologisches Produkt ebenso garantiert wie faire Arbeitsbedingungen für diejenigen, die an seiner Fertigung beteiligt sind.

- Die Zertifizierung Oeko Tex Standard 100.

Hier handelt es sich um ein weniger anspruchsvolles Label, denn nur die fertigen Stoffe oder Endprodukte werden geprüft: Man schickt Proben ins Labor, um sicherzustellen, dass das Produkt selbst ökologisch unbedenklich ist. Ein ökologischer Anbau der Ausgangsmaterialien ist damit nicht garantiert.
Dieses Label erlaubt es, die Materialien, die bei der Herstellung eines Stoffes verwendet werden, zu bestimmen und sicherzustellen, dass der Kontakt auf Ihrer Haut oder der Haut von Kindern keine allergischen Reaktionen hervorruft.

WELCHE STOFFE SIND GEEIGNET?

Diese Stoffarten haben wir für unsere Zero-Waste-Artikel verwendet:

- bedruckter Baumwollstoff mit GOTS- oder wenigstens Oeko-Tex-Siegel
- Frotteestoff aus Baumwolle oder Bambus
- Jutestoff bzw. Sackleinen zum Isolieren
- Moltonstoff
- Minky-Stoff
- Microfleece
- PUL-Stoff (Stoff, der mit einer dünnen Schicht Polyurethan laminiert und dadurch wasserdicht ist)
- Baumwollflanell (leicht angeraute Baumwolle)
- zweilagiges Baumwoll-Mulltuch (wie es für Textilwindeln verwendet wird)
- beschichtete Baumwolle oder wasserabweisende Gabardine

Da es unser Ziel ist, Abfälle auf ein Minimum zu reduzieren, versteht es sich von selbst, dass die Wiederverwertung von alten Kleidungsstücken, Bettwäsche, ausgeblichenen Geschirrtüchern usw. sehr zu empfehlen ist.
Verwenden Sie ruhig Textilien wieder, die Sie schon haben, denn auch wenn sie kein Oeko-Tex- oder GOTS-Siegel haben, sind sie nach unzähligen Wäschen frei von Schadstoffen und dürften keine allergischen Haut- oder andere Reaktionen verursachen. Außerdem verlängern Sie dadurch, dass Sie sie sozusagen wiederbeleben, ihre Nutzungsdauer und verhindern, dass sie weggeworfen werden.

Bei jedem Nähbeispiel gebe ich genau an, welcher Stoff sich besonders gut eignet, denn nicht alle Stoffe haben die gleichen Eigenschaften (saugfähig, wasserundurchlässig, steif, weich …). Seien Sie dennoch experimentierfreudig, denn Nähen ist kein starres Freizeitvergnügen, und die Technik entwickelt sich beim Probieren!
Beurteilen Sie Ihre Misserfolge nicht allzu streng (sie werden ohnehin sehr selten auftreten, denn alle Beispiele sind für Anfänger geeignet) und bedenken Sie, dass Erfahrungen Ihnen helfen, besser zu werden.

Nähideen

Spucktuch

Was gibt es Schöneres als sein Baby im Arm zu halten, es nach dem Trinken sanft zu wiegen? Wie viele liebevolle Eltern und Babysitter haben jedoch danach Spuckspuren auf der Schulter, am Hals oder, noch schlimmer, auf dem Rücken? Natürlich lacht man darüber, aber Sie können das Problem auch leicht mithilfe dieser Tücher vermeiden. Es genügt, sie sich in diesen zärtlichen Augenblicken auf die Schulter zu legen ...

NIVEAU 1 2 3 | ZEITAUFWAND 30 bis 45 Minuten

SIE BRAUCHEN

für ein Spucktuch:

- **40 x 60 cm saugfähigen Frottee- oder Moltonstoff**
- **40 x 60 cm zweilagiges Baumwoll-Mulltuch/Musselin oder bedruckten Baumwollstoff**
- **farblich passendes Nähgarn**

TIPPS

Waschen
Die hohe Qualität der heutigen Waschmittel ermöglicht eine desinfizierende Reinigung schon ab einer Temperatur von 40 °C. Kurz bügeln und Ihr Tuch ist wie neu.

Gebrauch
Legen Sie das Tuch mit der geraden Kante nach außen auf Ihre Schulter und passen Sie die Rundung Ihrem Hals an, bevor Sie Ihr Baby auf die Schulter legen.

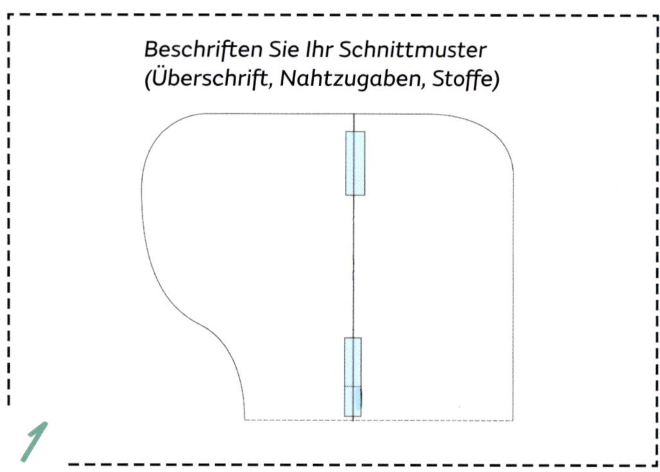

Kopieren Sie das Schnittmuster von S. 85 mit Pauspapier. Kleben Sie die beiden Teile des Schnittmusters mit Tesafilm zusammen und legen Sie die Schablone an die Bruchkante des Stoffes an. Beachten Sie, dass die Nahtzugabe (1 cm rundherum) bereits enthalten ist.

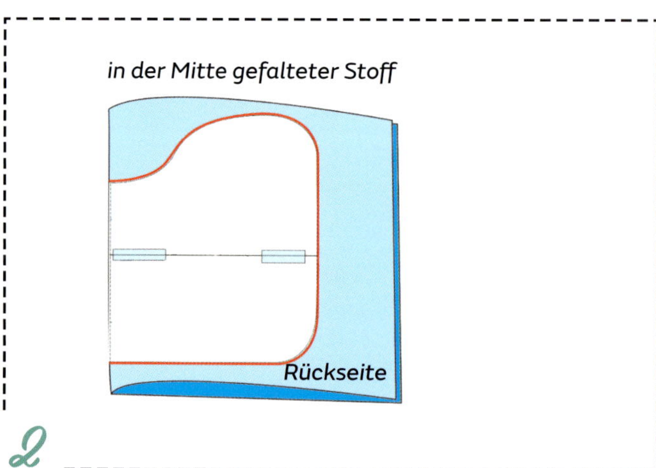

Schneiden Sie durch beide Lagen des Stoffes, um ein symmetrisches Teil zu erhalten:

- einmal aus dem Baumwoll-Mulltuch oder dem bedruckten Baumwollstoff
- einmal aus dem Frottee- oder Moltonstoff.

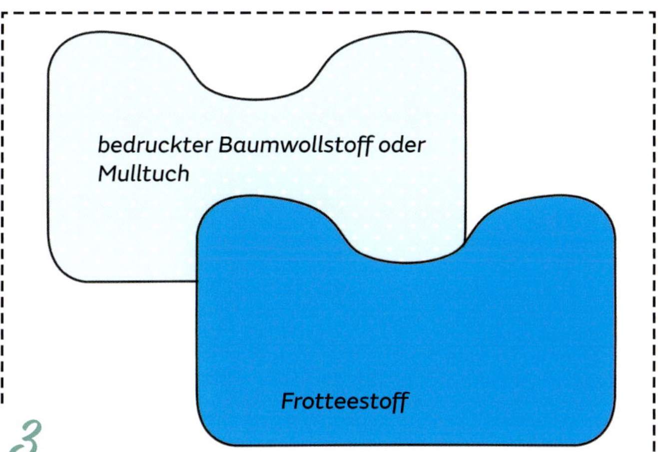

Wenn Sie die Stoffe auseinanderfalten, erhalten Sie:
– ein Stoffteil aus bedruckter Baumwolle
– ein Stoffteil aus Frottee.

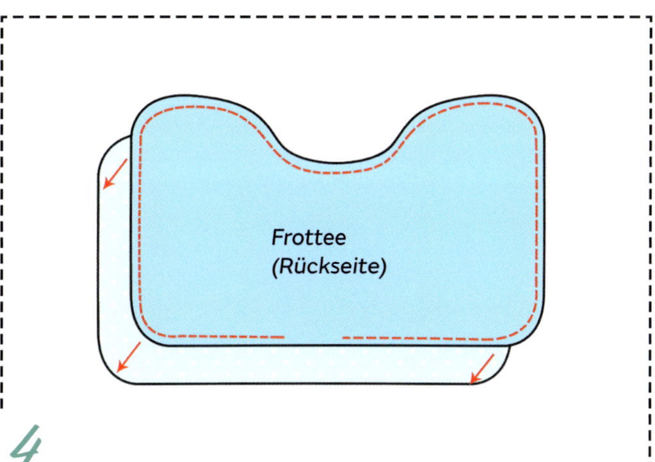

Stecken Sie die beiden Stoffe mit Stecknadeln rechts auf rechts. Nähen Sie sie mit Geradstich 1 cm vom Rand entfernt zusammen und lassen Sie zum Wenden eine Öffnung von etwa 8 cm auf der geraden Seite.

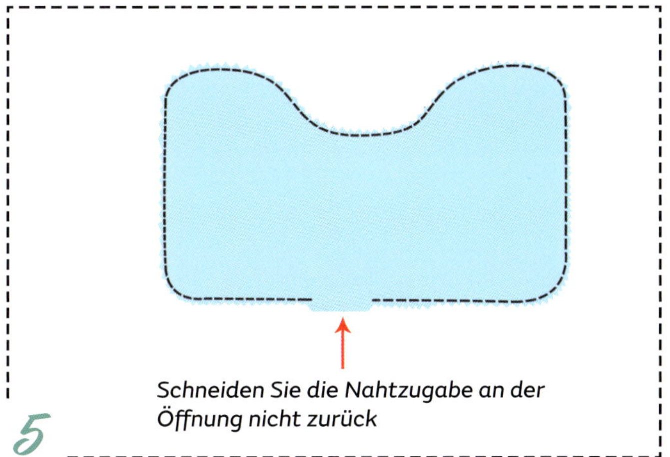

Schneiden Sie die Nahtzugaben mit einer Zackenschere um die Hälfte zurück und wenden Sie das Tuch auf rechts. Bügeln Sie die Nähte flach.

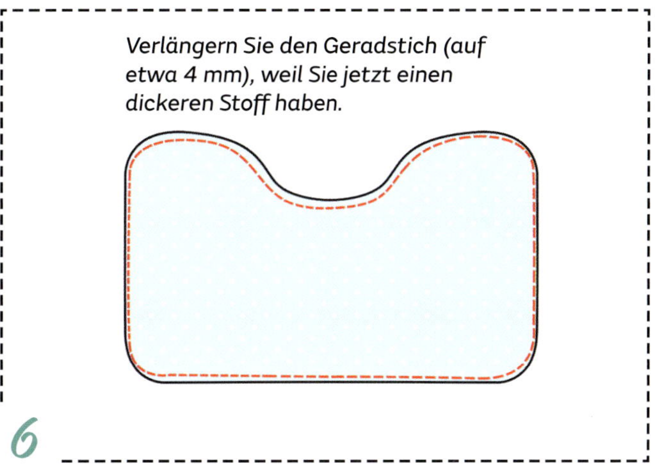

Steppen Sie nach dem Wenden rundherum knappkantig ab und schließen Sie dabei die Öffnung.

Waschhandschuh

Ihr Baby verdient alle Aufmerksamkeit und Sorgfalt, die für eine gesunde Entwicklung nötig sind! Fertigen Sie Ihre eigenen Waschhandschuhe an, damit auch nicht die geringsten schädlichen Stoffe mit der zarten Babyhaut in Berührung kommen. Sie sind leicht zu nähen, sehen hübsch aus und sind praktisch: Sie werden sehen, es gibt gute Gründe, gleich mehrere zu nähen!

ZEITAUFWAND *1 Std. 30 Min.* für 3 Waschlappen

SIE BRAUCHEN

für 1 Waschhandschuh:

- **32 x 12 cm sehr weichen Frotteestoff oder Moltonstoff**
- **32 x 12 cm Baumwolljersey**
- **20 cm flaches Gummiband, 5 mm breit**
- **farblich passendes Nähgarn**

TIPPS

Waschen
Wählen Sie keine zu hellen Stoffe um Flecken zu vermeiden. Waschen Sie Ihre Waschhandschuhe der besseren Hygiene halber zwischen 40 und 60 °C.

Gebrauch
Das Gummiband hält den Waschlappen auf Ihrer Hand fest und verhindert, dass er abrutscht, während Sie Ihr Baby waschen. Sie können auch Waschhandschuhe mit verschiedenen Farben und Mustern nähen. So haben Sie z. B. Waschhandschuhe, die Sie nur für Hals und Gesicht verwenden, etwa nach dem Trinken.

COUTURADDICT

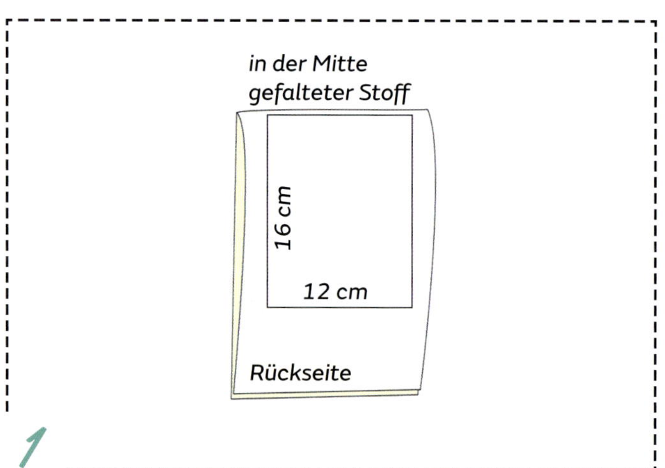

Zeichnen Sie auf etwas stärkeres Papier ein Rechteck von 16 x 12 cm. Beachten Sie, dass die angegebenen Größen die Nahtzugabe (1 cm rund herum) enthalten und dass das Schnittmuster an die Bruchkante des Stoffes angelegt werden muss. Beschriften Sie Ihr Schnittmuster!

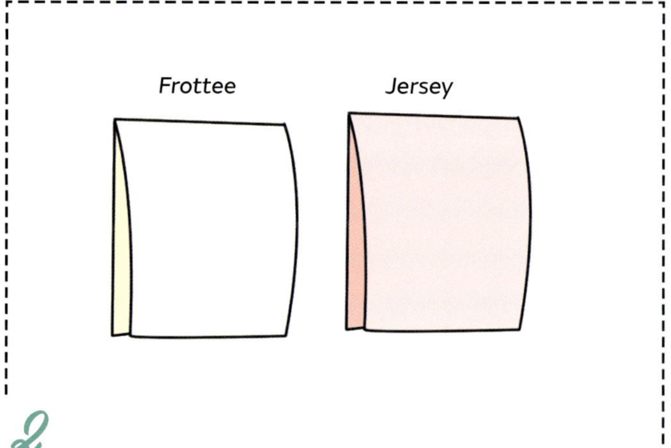

Übertragen Sie das Schnittmuster ausgehend von der Bruchkante je einmal auf den

- bedruckten Jersey-Stoff (für das Innenfutter);
- weichen Frottee- oder Moltonstoff.

Schneiden Sie durch beide Stofflagen, um ein symmetrisches Teil zu erhalten.

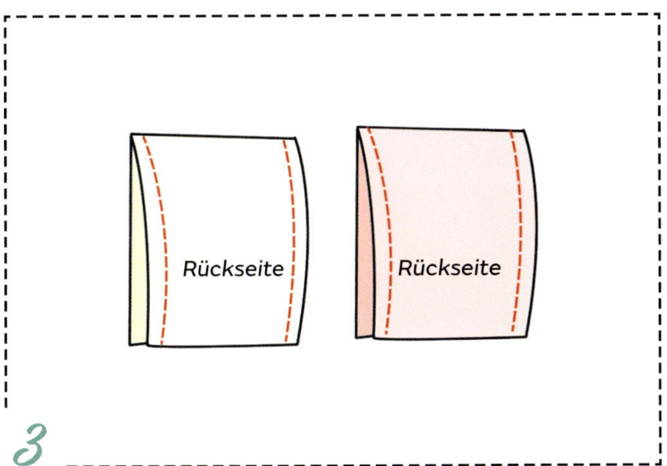

3

Sie erhalten auseinandergefaltet:

– ein Rechteck von 32 x 12 cm aus bedrucktem Jersey
– ein Rechteck von 32 x 12 cm aus Frottee oder Molton.

Falten Sie jedes Rechteck in der Mitte, rechts auf rechts. Steppen Sie die Seiten rechts und links von der Bruchkante 1 cm vom Rand entfernt mit Geradstich ab. Lassen Sie die untere Seite offen.

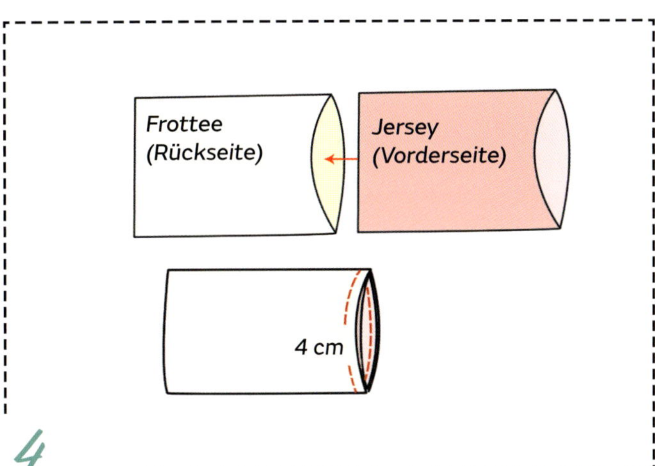

4

Schneiden Sie die Nahtzugaben um die Hälfte zurück und stecken Sie den Jersey-Waschhandschuh rechts auf rechts in den Frottee-Handschuh. Steppen Sie den noch unvernähten unteren Teil mit Geradstich 1 cm vom Rand entfernt rundherum ab und lassen Sie dabei eine Öffnung von etwa 4 cm zum Wenden.

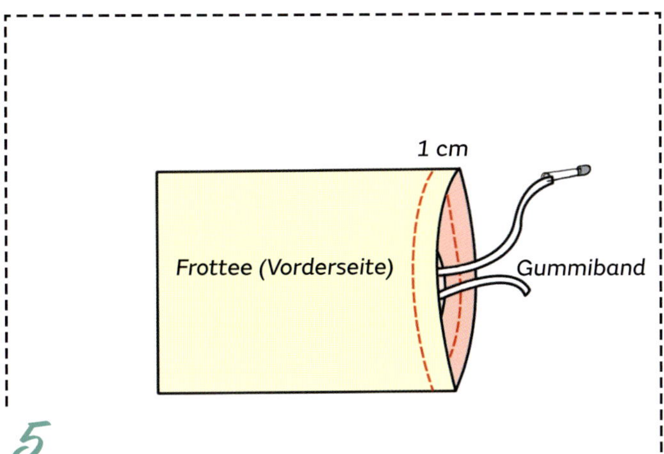

5

Wenden Sie den Waschhandschuh durch die Öffnung und schlagen Sie die Nahtzugaben nach innen. Nähen Sie einen Tunnel für das Gummiband, indem Sie 1 cm vom Rand rundherum absteppen. Führen Sie das Gummiband mit einer Sicherheitsnadel in den Tunnel ein. Ziehen Sie die beiden Enden aus der Öffnung heraus. Verknoten Sie sie oder nähen Sie sie mit der Maschine zusammen, indem Sie 2 oder 3 cm der beiden Enden aufeinanderlegen.

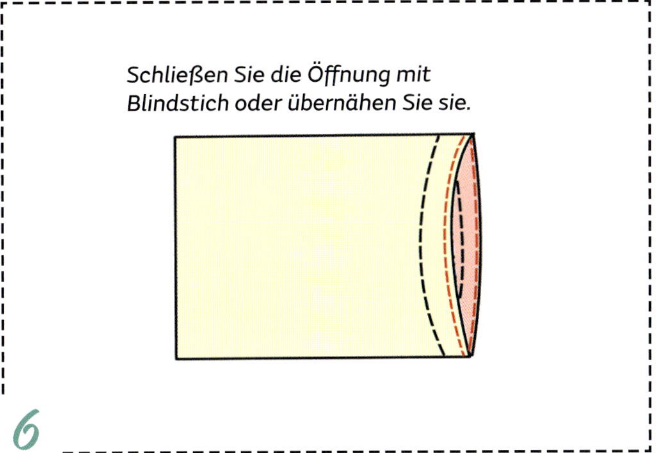

6

Wenn das Gummiband verknotet oder zusammengenäht ist, stecken Sie es in den Tunnel und schließen Sie die Öffnung von Hand mit Blindstich oder übernähen Sie sie knappkantig mit der Maschine.

Waschlappentasche

Die Gesundheit Ihres Babys sollten Sie nicht mit verschmutzten Waschhandschuhen aufs Spiel setzen. Deshalb schlage ich Ihnen vor, ein hübsches Täschchen dafür zu nähen, um sie überallhin mitzunehmen! Und in Fuchsform wird es den Eltern von kleinen Mädchen und von kleinen Jungen gleichermaßen gefallen ...

ZEITAUFWAND *1 Std. 30 Min.*

SIE BRAUCHEN

für 1 Täschchen:

- **40 x 60 cm bedruckten Baumwollstoff**
- **40 x 60 cm einfarbigen korallenroten Baumwollstoff**
- **15 x 10 cm naturfarbenen oder hellen Baumwollstoff für die Fuchsschnauze**
- **15 x 10 cm Bügelvlies, um die Rückseite des naturfarbenen Stoffes zu verstärken**
- **40 x 60 cm Füllwatte oder Baumwollvlies zum Auspolstern: 1 cm Dicke genügt**
- **1 Magnetdruckknopf, Durchmesser 18 mm**
- **farblich zu den Stoffen passendes Nähgarn + schwarzes Stickgarn für das Fuchsgesicht**

TIPPS

Waschen
Dieses Täschchen zum Mitnehmen ist bei 40 °C waschbar, aber nicht für den Wäschetrockner geeignet. Behandeln Sie die Magnetdruckknöpfe schonend, sie werden es Ihnen danken.

Alternative
Auch ein Zugbeutel eignet sich für benutzte Waschhandschuhe – eine einfache Möglichkeit, Ihren Transportbeutel oder Ihren Rucksack sauber zu halten! Zwei Stoffrechtecke von 27 x 21 cm und zwei Kordeln von 50 cm Länge genügen.

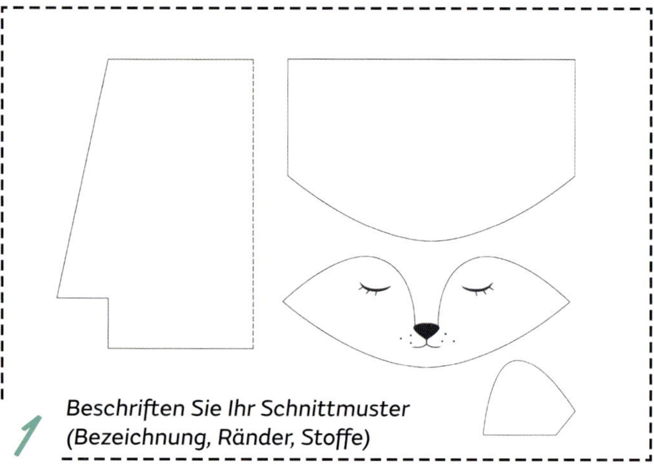

Beschriften Sie Ihr Schnittmuster (Bezeichnung, Ränder, Stoffe)

1

Übertragen Sie die Schnittmuster von Seite 86 auf Pauspapier und beachten Sie, dass die Nahtzugaben (1 cm rundum) enthalten sind. Die Ohren (rechts unten in der Abbildung) können Sie auch weglassen.

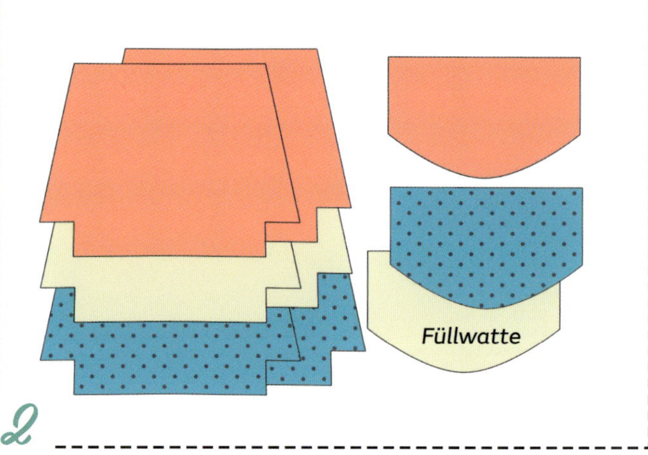

2

Kopieren Sie das Schnittmuster der Klappe auf den bedruckten Baumwollstoff, auf den korallenroten Baumwollstoff und auf die Füllwatte und schneiden Sie die Teile aus. Verfahren Sie mit dem Schnittmuster für die Tasche ebenso, allerdings je zweimal. Schneiden Sie die Teile aus. Für die Ohren schneiden Sie das Muster je zweimal spiegelbildlich aus dem einfarbigen und dem bedruckten Baumwollstoff aus.

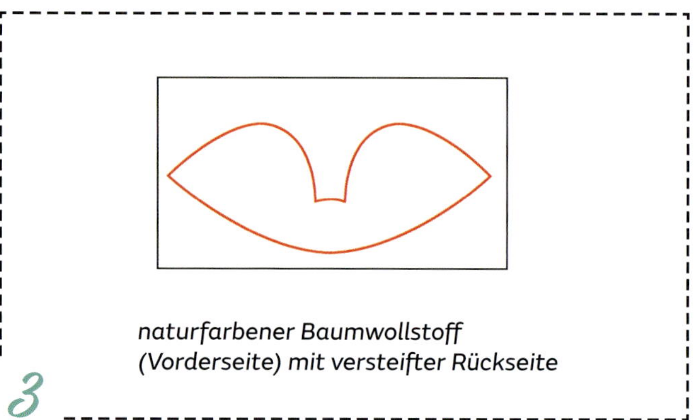

naturfarbener Baumwollstoff (Vorderseite) mit versteifter Rückseite

3

Übertragen Sie die Schnauze des Fuchses auf naturfarbenen, vorzugsweise versteiften Baumwollstoff (dabei wird Vlieseinlage auf die Rückseite aufgebügelt). Ausschneiden, Augen, Nase und die Punkte für den Schnauzbart abpausen und mit einem Trickmarker übertragen, der beim Bügeln unsichtbar wird.

Fixieren Sie das Gesicht mit Zickzackstich 5 mm vom unteren Teil der Klappe entfernt

4

Sticken Sie die Umrisse für Augen, Nase und Schnauze von Hand oder mit der Maschine (Zickzackstich). Sie können sie auch mit einem schwarzen Textilfilzstift aufmalen. Stecken Sie das Fuchsgesicht 5 mm vom Rand auf der unteren Rundung der Klappe fest. Nähen Sie die obere Kante des Gesichts mit Zickzackstich an.

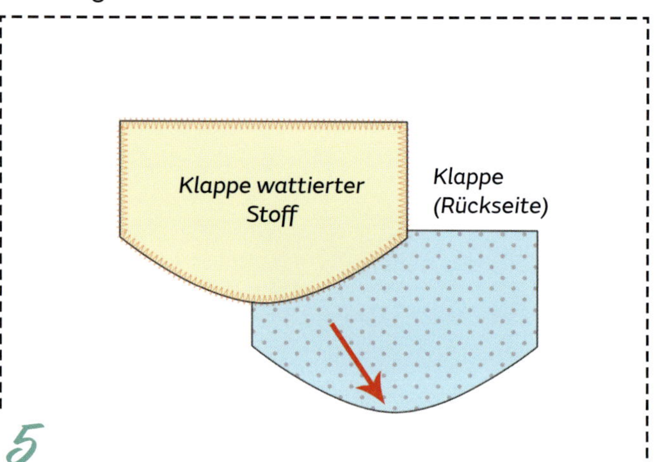

5

Stecken Sie die Füllwatte mit Nadeln auf der Rückseite des Futters für die Klappe fest und nähen Sie die Ränder mit Zickzackstich zusammen.

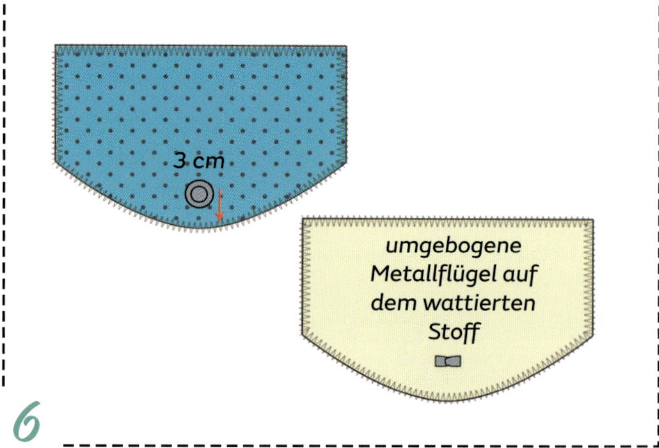

6

Legen Sie das Unterteil des Magnetdruckknopfs 3 cm vom unteren Rand mittig auf die gefütterte Klappe. Biegen Sie die Metallflügel des Druckknopfs auf der Seite des wattierten Stoffes um.

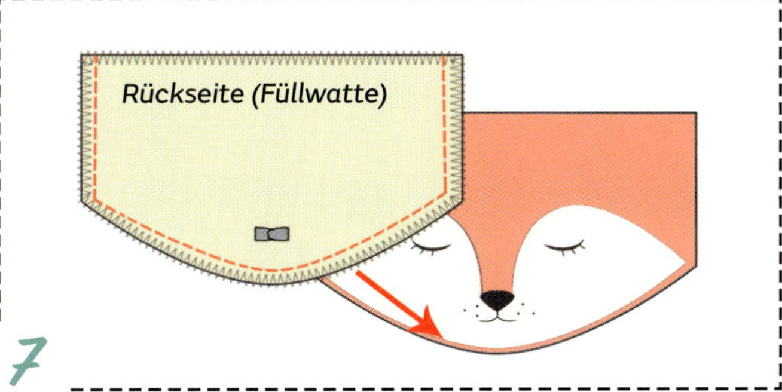

7

Stecken Sie die beiden Klappen rechts auf rechts zusammen. Steppen Sie 1 cm vom Rand entfernt ab. Lassen Sie die obere gerade Seite offen. Kürzen Sie die Nahtzugaben und wenden Sie auf rechts. Steppen Sie den Rand knappkantig ab.

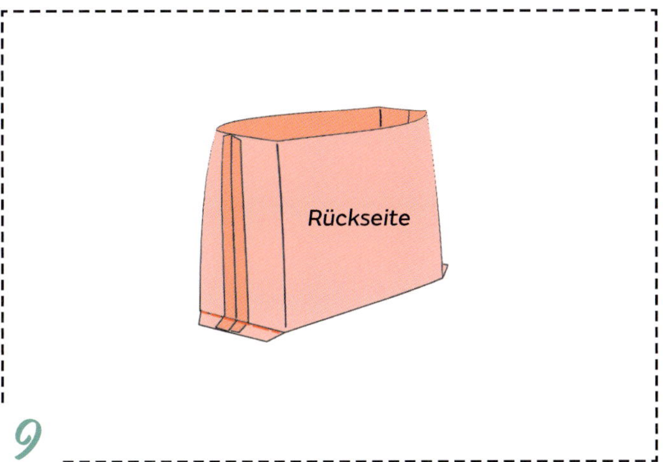

9

Ziehen Sie die Nähte auseinander und stecken Sie den unteren Teil so zusammen, dass die Seitennähte mit der Bodennaht übereinstimmen. Steppen Sie die Kante 1 cm vom Rand entfernt ab. Schneiden Sie die Nahtzugaben mit der Zackenschere zurück.

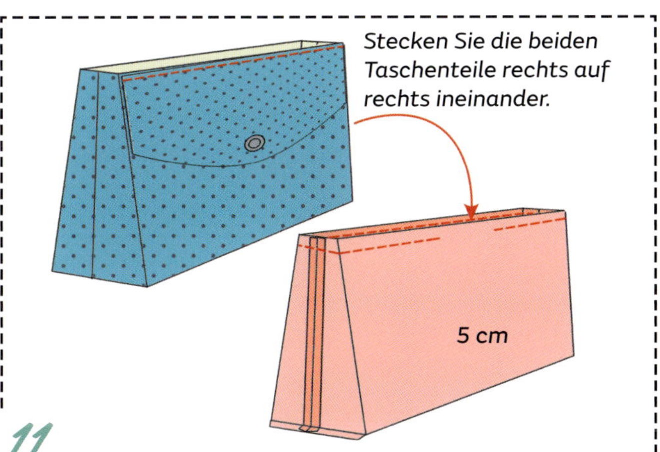

11

Legen Sie die Klappe wie gezeigt auf den Rücken des Taschenteils aus gemustertem Baumwollstoff. Für die Ohren: Legen Sie die Ohren, ebenfalls mit der Spitze nach unten, zwischen die Klappe und die Tasche, und zwar an den Rand jeder Seite, mit der Falte nach innen und der einfarbigen Baumwollseite zur Tasche hin.
Nähen Sie die Klappe mit Geradstich an. Stecken Sie dann die Außentasche (auf rechts) in die Futtertasche (auf links). Steppen Sie 1 cm vom Rand ab. Lassen Sie vorne eine Öffnung von 5 cm zum Wenden.

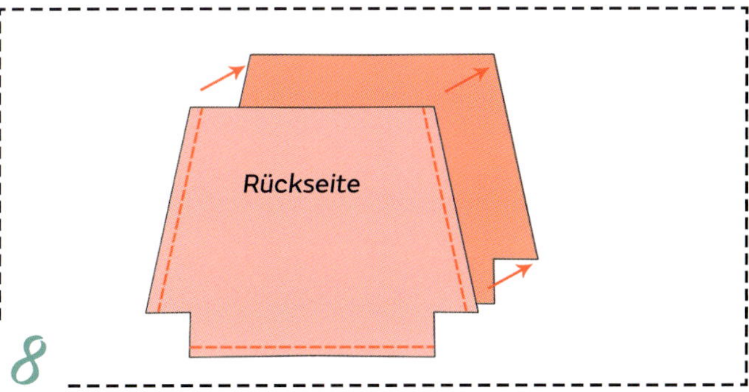

8

Stecken Sie die beiden Hauptteile der Tasche in Korallenrot rechts auf rechts aneinander. Nähen Sie die Seiten und den unteren Teil zusammen und lassen Sie dabei die unteren Aussparungen offen.

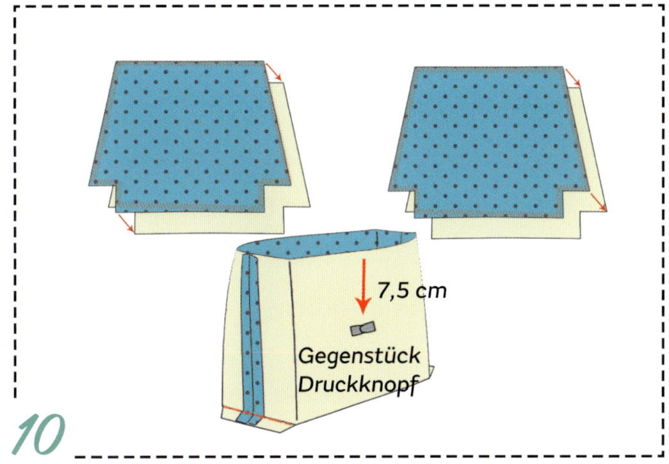

10

Stecken Sie den wattierten Stoff auf der Rückseite der Baumwollteile fest und nähen Sie beide Teile mit Zickzackstich zusammen. Wiederholen Sie Schritt 9 mit diesen beiden Teilen. Platzieren Sie das Gegenstück des Magnetdruckknopfs auf die vordere Markierung.
Für die Ohren: Stecken Sie je ein einfarbiges und ein bedrucktes Baumwollohr rechts auf rechts zusammen. Nähen Sie die runde Seite und die kurze gerade Seite zusammen. Kürzen Sie die Nahtzugaben, wenden Sie die Ohren, bügeln und steppen Sie sie ab. Bügeln Sie eine Falte so ein, dass die kurze Seite auf der langen, offenen Seite liegt, wobei die bedruckte Baumwolle innerhalb der Falte liegt.

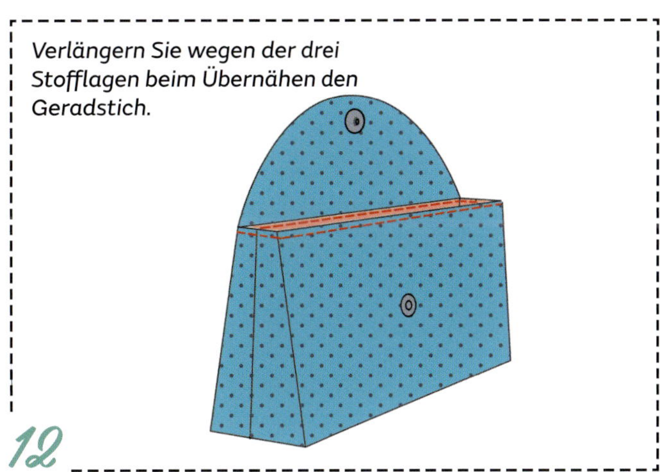

12

Wenden Sie die Tasche auf rechts. Bügeln Sie die Nähte flach und nähen Sie oben knappkantig einmal rundherum.

Wärmekissen

Wer kennt sie nicht, die berüchtigten Dreimonatskoliken? Oder den kleinen Zwerg, der nicht auf die wohlige Wärme seiner Eltern verzichten will ... Dieses hübsche Wärmekissen könnte Ihnen eine kleine Atempause verschaffen! Die Wärme beruhigt die Ängstlichen und gibt ihnen das Gefühl, im Arm von Mama und Papa zu liegen. Und: Es hilft bei Bauchgrimmen. Sofortiger Effekt garantiert!

NIVEAU	1	2	3	ZEITAUFWAND	2 Std. 30 Min.

SIE BRAUCHEN

für 1 Wärmekissen:

– 40 x 65 cm gemusterten Baumwollstoff

– 40 x 65 cm einfarbigen weißen Baumwollstoff

– 1 unteilbaren Reißverschluss, 22 cm lang

– 800 g Bio-Leinsamen-Körner

– 1 Blatt schwarze Flexfolie, 1 Textilfilzstift oder schwarzes Stickgarn für die Gesichtszüge

– 1 Stück rosa Bastelfilz für die Wangen (oder Reststücke von rosa oder roter Flexfolie)

–farblich zu den Stoffen passendes Nähgarn

TIPPS

Waschen
Der Bezug ist abnehmbar. Waschen Sie im Bedarfsfall nur den Bezug bei 30 bis 40 °C.

Gebrauch
Legen Sie das Kissen ohne den Reißverschlussüberzug (das Metall des Reißverschlusses darf nicht in die Mikrowelle) zunächst für 30 Sekunden, dann für jeweils weitere 10 Sekunden bei 600 Watt in die Mikrowelle, bis die gewünschte Wärme erreicht ist. Erhitzen Sie das Kissen nicht länger als 60 Sekunden. Lassen Sie es eine Minute abkühlen. Vom Erhitzen im Backofen rate ich ab. Sie können das Kissen samt Überzug auch auf einen Heizkörper legen. Lassen Sie es beim Erwärmen auf keinen Fall unbewacht: manche Heizkörper dürfen nicht abgedeckt werden (Brandgefahr!), und man muss schnell reagieren können, wenn die Mikrowelle Funken schlägt (falls Sie vergessen haben, den Überzug mit dem Reißverschluss zu entfernen).
Prüfen Sie immer die Temperatur des Wärmekissens, bevor Sie es verwenden, besonders, bevor Sie es mit der Haut Ihres Kindes in Kontakt bringen. Legen Sie es nie direkt auf die nackte Haut des Babys (Verbrennungsgefahr). Wenn Sie das Kissen erneut erhitzen möchten, warten Sie, bis es wieder Zimmertemperatur erreicht hat. Auf der Stoffoberfläche kann sich etwas Feuchtigkeit absetzen: das ist völlig normal und gibt sich nach mehrmaligem Gebrauch.
Sollten Sie das Wärmekissen verschenken, stellen Sie sicher, dass alle, die es verwenden könnten, diese Anleitung kennen.

150ml
120

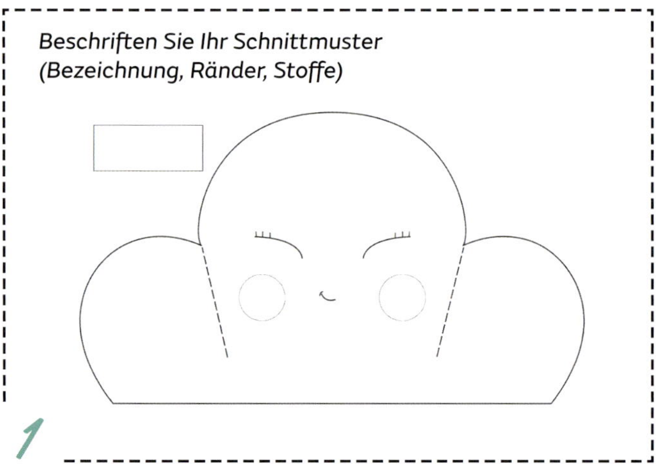

Kopieren Sie die Schnittmuster von S. 86 mit Pauspapier und beachten Sie dabei, dass die Nahtzugaben darin enthalten sind (1 cm rundherum).

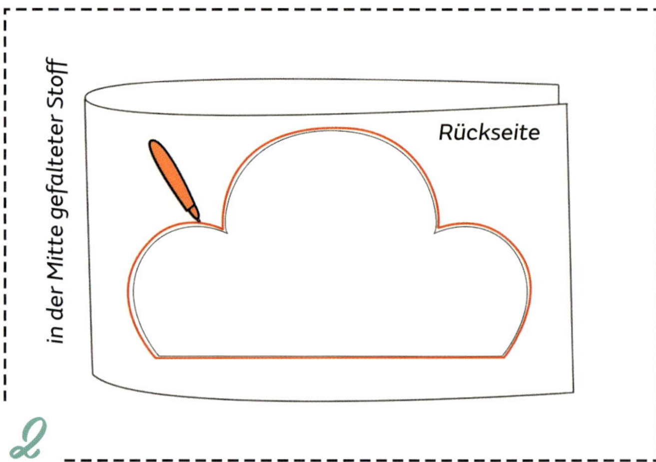

Falten Sie den einfarbigen Baumwollstoff in der Mitte und übertragen Sie das Schnittmuster des Wärmekissens auf die Rückseite des Stoffes. Schneiden Sie durch beide Stofflagen, um zwei symmetrische Teile zu erhalten.

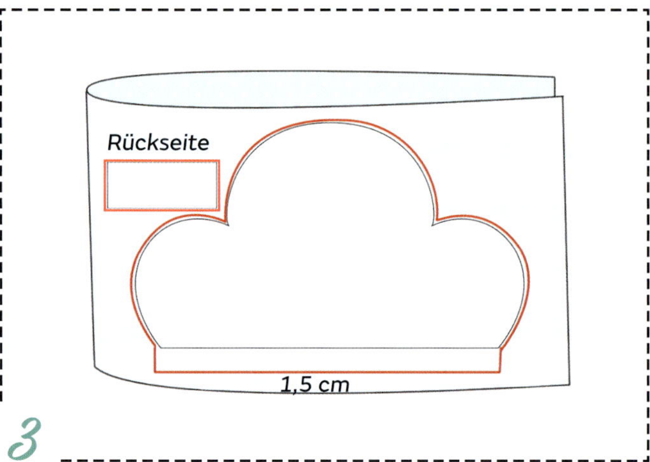

Zeichnen Sie das Schnittmuster auf die Rückseite des in der Mitte gefalteten gemusterten Baumwollstoffs. Unten an der geraden Kante 1,5 cm zugeben, damit der Überzug größer ist als das Kissenteil mit den Körnern. Schneiden Sie den Stoff doppellagig aus. Kopieren Sie auch die beiden Rechtecke (Schnittmuster) auf den gemusterten Baumwollstoff und schneiden Sie sie aus.

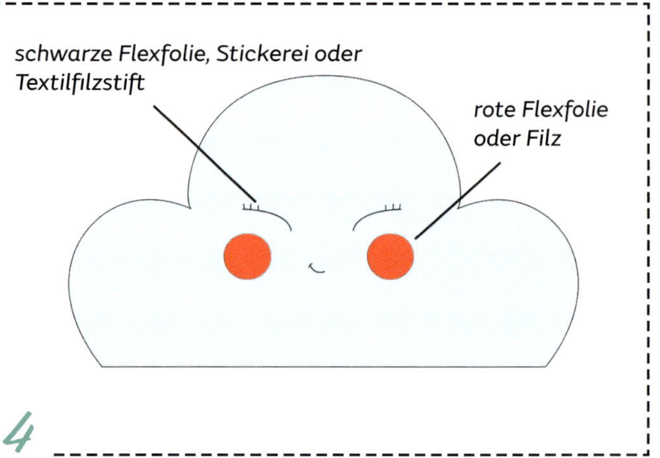

Schneiden Sie die Gesichtsmerkmale aus der schwarzen Flexfolie aus und bügeln Sie sie auf die Vorderseite eines der beiden Teile aus gemusterter Baumwolle. Sie können die Gesichtszüge auch aufmalen oder sticken. Legen Sie die aus roter Flexfolie (zum Aufbügeln) oder aus Filz ausgeschnittenen Kreise auf den Stoff und nähen Sie sie mit Zickzackstich am Rand an.

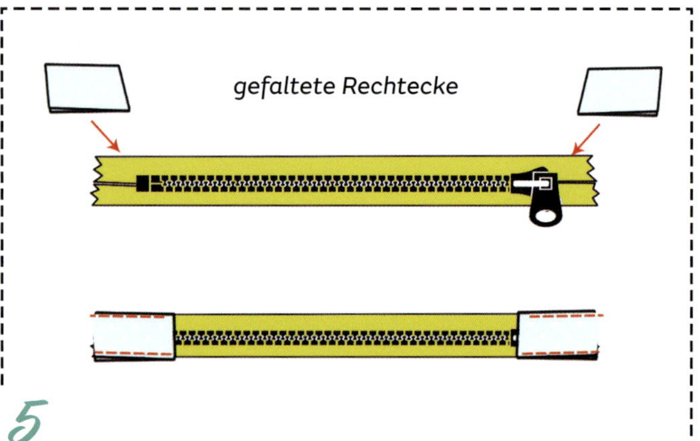

Falten Sie die beiden Stoffrechtecke und stecken Sie sie auf der Vorderseite des Reißverschlusses fest. Die Bruchkante muss nach innen zeigen. Nähen Sie die Rechtecke knappkantig am Rand des Reißverschlusses mit Geradstich an.

Stecken Sie den Reißverschluss wie in der Zeichnung gezeigt rechts auf rechts auf den bedruckten Baumwollstoff, 5 mm vom unteren Rand der Wolke. Nähen Sie ihn ungefähr 8 mm vom Rand des Stoffes entfernt mit Geradstich an.

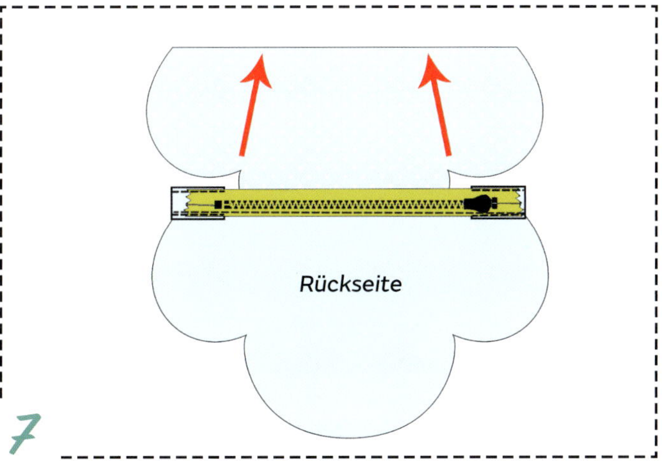

Legen Sie nun die andere Seite des Reißverschlusses rechts auf rechts auf die zweite Wolke aus gemustertem Baumwollstoff. Nähen Sie ihn wie in Schritt 6 beschrieben an.

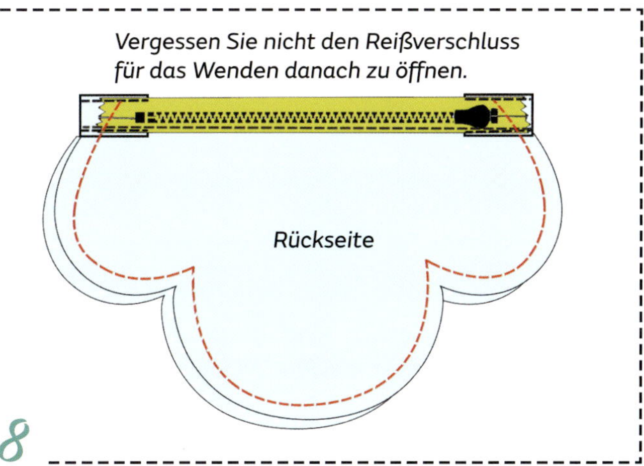

Öffnen Sie den Reißverschluss. Stecken Sie beide Wolkenteile rechts auf rechts fest und nähen Sie 1 cm vom Rand entfernt mit Geradstich einmal rundherum. Schneiden Sie die Nahtzugaben zurück, schneiden Sie kleine Dreiecke in die Nahtzugaben des Randes und versäubern Sie sie mit Zickzackstich. Wenden.

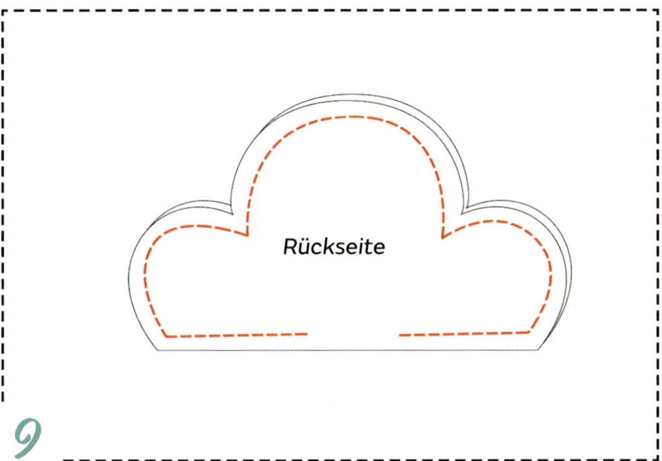

Stecken Sie jetzt die Wolke aus weißer Baumwolle rechts auf rechts zusammen und nähen Sie die Teile 1 cm vom Rand entfernt zusammen. Lassen Sie an der geraden Seite eine Öffnung von 4 cm. Schneiden Sie Dreiecke in die Nahtzugaben der gerundeten Kanten, versäubern Sie diese und wenden Sie die Wolke durch die Öffnung.

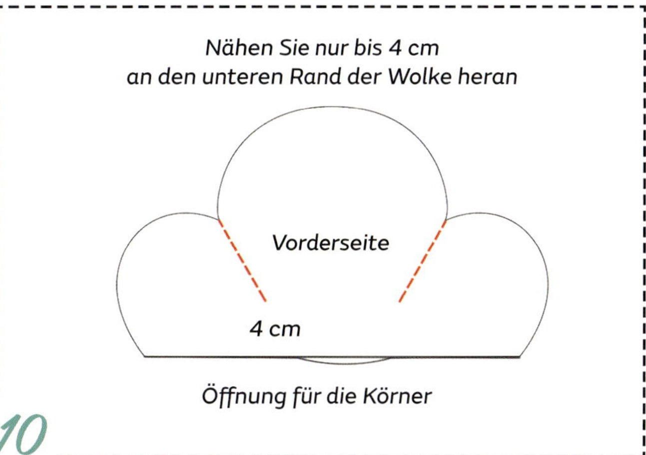

Machen Sie auf der Vorderseite der weißen Wolke zwei Nähte (siehe Schnittmuster), um die Leinsamenkörner gleichmäßig verteilen zu können. Stoppen Sie etwa 4 cm vor dem unteren Rand der Wolke, damit die Körner bequem eingefüllt werden können. Füllen Sie die Leinsamenkörner mit Hilfe eines kleinen Trichters in jede der drei Taschen.

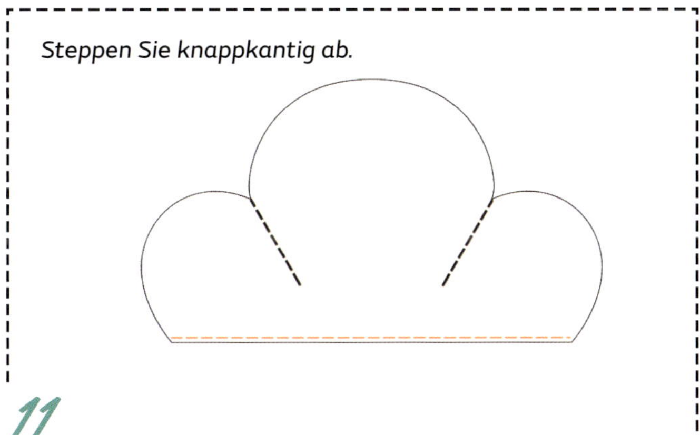

Nähen Sie an der gesamten unteren Kante entlang und schließen Sie dabei die Öffnung.

Stecken Sie die weiße Wolke in die Hülle aus gemusterter Baumwolle. Lesen Sie vor Gebrauch die Hinweise zur Anwendung.

Lätzchen

Wenn das Baby größer wird und Nahrung aus Gläschen bekommt, geht das Essenlernen mit dem Löffel häufig mit Flecken einher. Gesicht, Hände, Hochstuhl, Tisch, Boden: alles bekommt etwas ab! Nicht einfach, das ideale Lätzchen zu finden: es soll abdecken, absorbieren, dazu soll es hübsch aussehen und praktisch anzuziehen sein. Diese Art von Lätzchen zum Überziehen entspricht allen Bedürfnissen und ist im Alter von sechs Monaten bis zu drei Jahren einsetzbar.

ZEITAUFWAND | *1 Std.*

SIE BRAUCHEN

für 1 Lätzchen:

– 42 x 30 cm Frotteestoff

– 15 x 30 cm bedruckten Baumwollstoff

– 1 Schrägband, 2 cm breit und 135 cm lang

– 1 Bündchen, 6 cm x 36 cm

– farblich passendes Nähgarn

TIPPS

Waschen
Je nachdem, welche Stoffe Sie verwenden, können Sie dieses Lätzchen zwischen 40 und 60 °C waschen.

Gebrauch
Das Lätzchen wird über den Kopf gezogen. Es eignet sich daher nicht für Babys, die ihren Kopf noch nicht selbständig halten können. Dafür können die Größeren es sich sogar selbst über den Kopf ziehen.

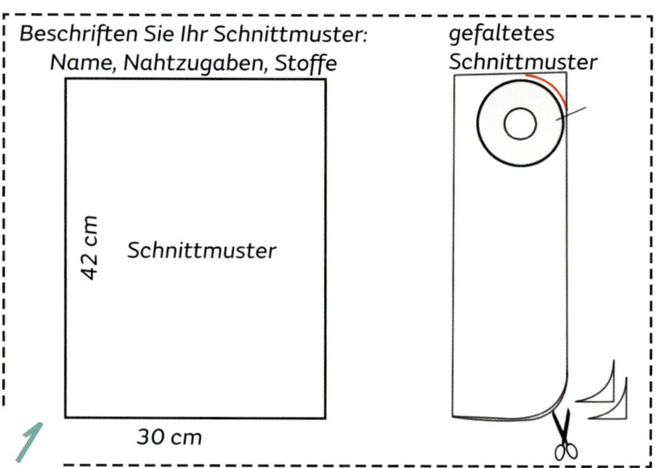

Zeichnen Sie auf etwas kräftigeres Papier ein Rechteck von 42 x 30 cm. Falten Sie das Papier in der Mitte der kürzeren Seite. Nehmen Sie eine große Tasse und zeichnen Sie die Rundung beidseits der langen Seite nach. Schneiden Sie durch beide Stofflagen, damit die Rundungen gleich sind.

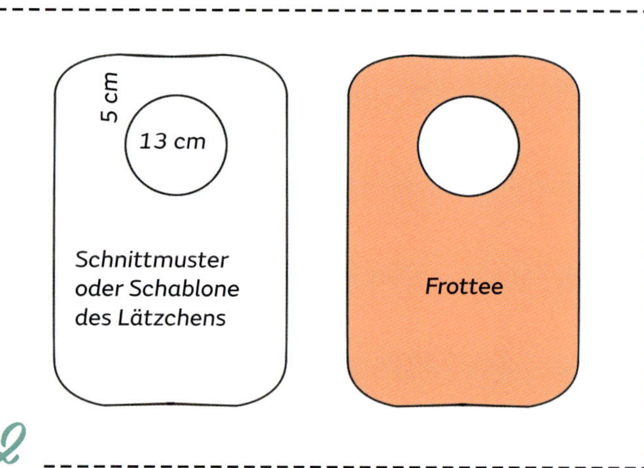

Zeichnen Sie 5 cm vom oberen Rand der Papierschablone einen Kreis von 13 cm Durchmesser und schneiden Sie die Öffnung aus. Legen Sie die Schablone auf Ihren Frotteestoff und übertragen Sie sie, ohne Nahtzugaben hinzuzufügen. Schneiden Sie den Kreis auch aus dem Frotteestoff aus.

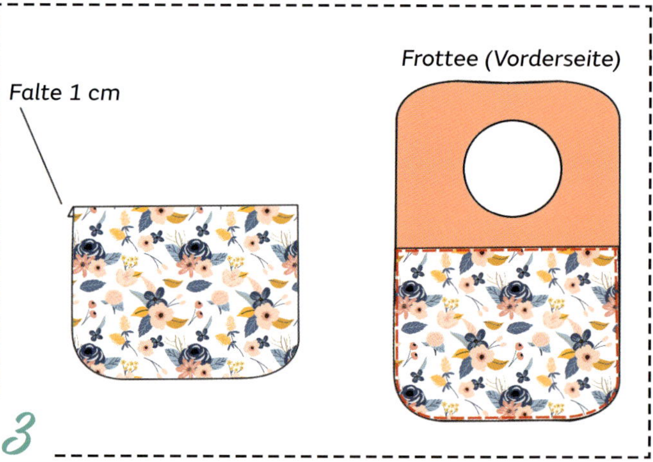

Nehmen Sie das 15 x 30 cm große Rechteck aus gemustertem Baumwollstoff. Legen Sie die untere Seite des Schnittmusters darauf, um die untere Rundung zu übertragen und auszuschneiden. Dieses Stück ziert den unteren Teil des Lätzchens. Schlagen Sie die obere Seite 1 cm auf die Rückseite um. Fixieren Sie den Umschlag mit dem Bügeleisen. Stecken Sie dieses Stoffstück mit der linken Seite auf die Vorderseite des Frotteelätzchens. Nähen Sie die umgeschlagene Kante mit Geradstich und den Rest mit Zickzackstich jeweils knappkantig auf das Frotteelätzchen.

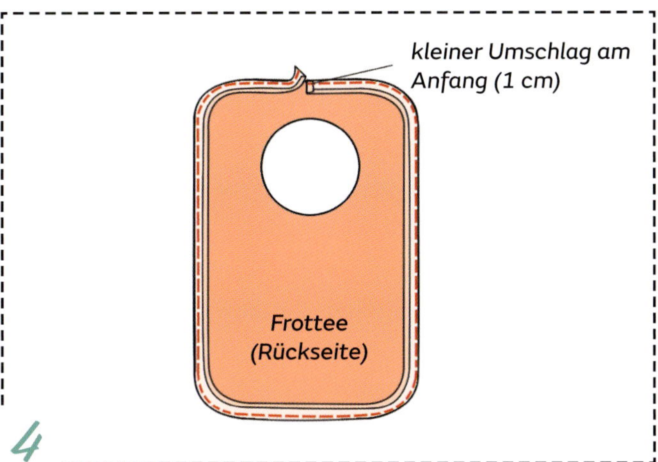

Klappen Sie eine Seite des Schrägbands auf und stecken Sie die rechte Seite des Schrägbands so auf der Rückseite des Lätzchens fest, dass die Ränder aufeinanderliegen. Dehnen Sie dabei das Schrägband etwas an den Rundungen. Schlagen Sie den Anfang des Schrägbands 1 cm um und stecken Sie den Umschlag fest. Legen Sie das Ende des Schrägbands über den Anfang des Bandes. Nähen Sie das Schrägband rundum im Knick fest.

Klappen Sie nun das Schrägband auf die rechte Stoffseite um. Stecken Sie es fest und nähen Sie 7 oder 8 mm vom Rand entfernt mit Geradstich knapp an der innenliegenden Kante entlang.

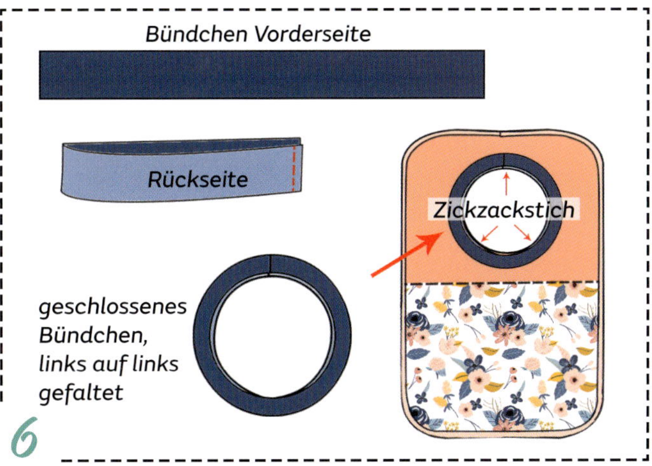

Falten Sie das Bündchen so, dass kurze Seite auf kurzer Seite rechts auf rechts liegt. Nähen Sie die kurzen Seiten 1 cm vom Rand entfernt mit Geradstich zusammen. Sie erhalten einen geschlossenen Ring.

Falten Sie das Bündchen nun der Länge nach, links auf links. Stecken Sie es mit Nadeln auf der Vorderseite entlang der Halsöffnung fest. Die Umschlagkante zeigt nach außen. Nähen Sie das Bündchen mit Zickzackstich an, damit es elastisch bleibt. Bügeln Sie das Bündchen in Richtung Halsausschnitt – fertig!

Schmusetuch mit Tasche

Das Schmusetuch ist ein wichtiger Bestandteil im Leben eines Babys: ein Bindeglied zwischen Ihnen und Ihrem kleinen Engel, wenn Sie einmal nicht eng aneinandergeschmiegt sind. Sehr oft braucht es dazu einen Schnuller oder auch einen Beißring, der hilft, Schmerzen beim Zahnen zu bekämpfen. Ich habe mir deshalb zum Mitnehmen ein Schmusetuch mit einer Tasche ausgedacht, wo auch Schnuller oder Beißring Platz finden und vor Schmutz bewahrt werden. So sind Sie auf hygienische Weise für alle Abenteuer gerüstet!

ZEITAUFWAND 1 Std. 30 Min.

SIE BRAUCHEN

für 1 Schmusetuch:

- **30 x 75 cm gemusterten Baumwollstoff für die Tasche und die Rückseite des Schmusetuchs**
- **30 x 75 cm Minky-Stoff für den Körper und die Innenseite der Tasche, farblich zum gemusterten Baumwollstoff passend**
- **eine große Handvoll Füllwatte für den Kopf des Schmusetuchs**
- **einen Bogen »Tiergesichter« (erhältlich über www.couturaddict.com)**
- **jeweils 2 Kunstharz-Druckknöpfe mit Gegenstücken, die mit einer Druckknopfzange befestigt werden**
- **farblich zu den Stoffen passendes Nähgarn**

TIPPS

Waschen
Das Schmusetuch kann bei 40 °C gewaschen werden.

Gebrauch
Wenn der Schnuller oder der Beißring mithilfe der Druckknöpfe an den Ecken des Schmusetuchs befestigt ist, falten Sie diese nach innen. Danach falten Sie den Kopf nach innen (in Richtung Tasche). Stecken Sie nun den Kopf und die gefalteten Ecken in die Tasche. Das auf diese Weise gefaltete Schmusetuch schützt die Gegenstände, die mit dem Mund Ihres Babys in Berührung kommen, vor den anderen Dingen in Ihrer Handtasche!

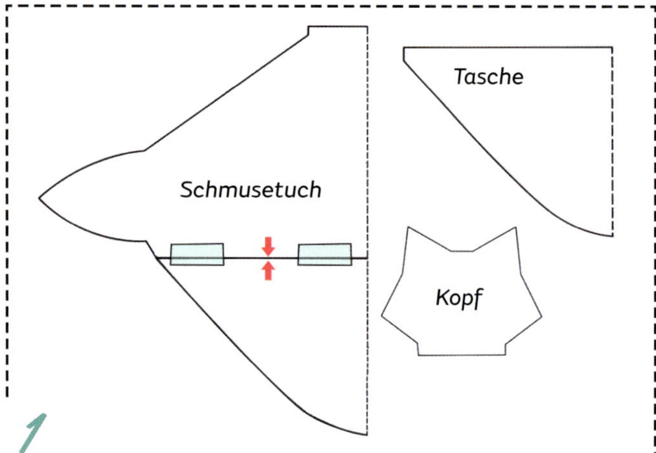

Kopieren Sie die auf S. 87 vorgeschlagenen Schnittmuster auf Transparentpapier. Fügen Sie die Schablonen für den Körper (Ober- und Unterkörper des Schmusetuchs) auf der Höhe der Pfeile mit Tesafilm zusammen. Beachten Sie, dass die Nahtzugaben bereits enthalten sind.

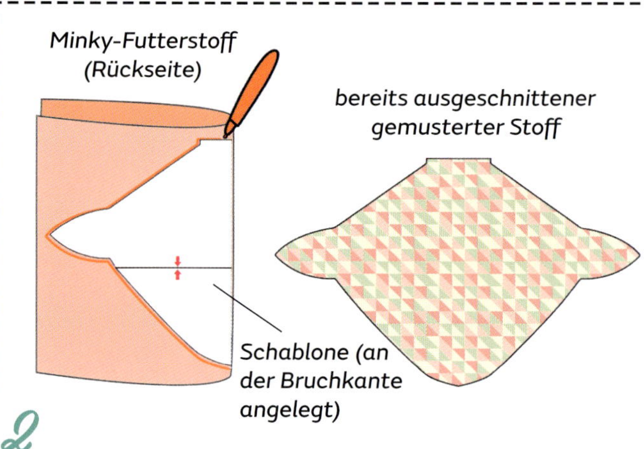

Körper: Legen Sie die Schablone für das Schmusetuch an den Stoffbruch der äußeren Stoffe und des Futterstoffs an, um ein symmetrisches Teil zu erhalten, und schneiden Sie jeweils gleichzeitig durch beide Stofflagen.

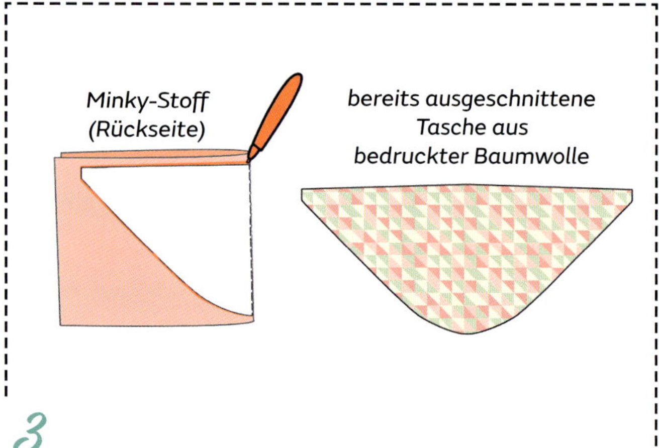

Tasche: Kopieren Sie das Schnittmuster der Tasche, schneiden Sie es aus und legen Sie es an den Stoffbruch des Außen- und des Minky-Stoffes an. Schneiden Sie die beiden Taschenteile aus.

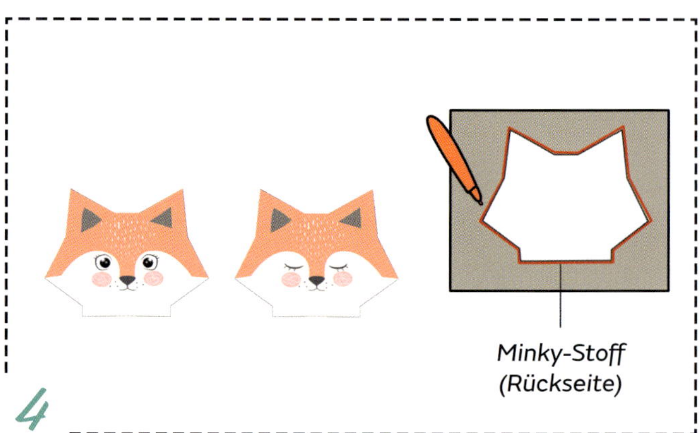

Kopf des Schmusetuchs: Der bedruckte Stoff »Tier-Schmusetücher« ist auf www.couturaddict.com erhältlich. Sie können aber auch die Schablonen für Kaninchen-, Fuchs- oder Katzenkopf verwenden und diese nach Belieben gestalten. Verwenden Sie in diesem Fall einen einfarbigen Baumwollstoff für die Vorderseite und einen weichen Minky- oder Nicky-Velours-Stoff für die Rückseite!

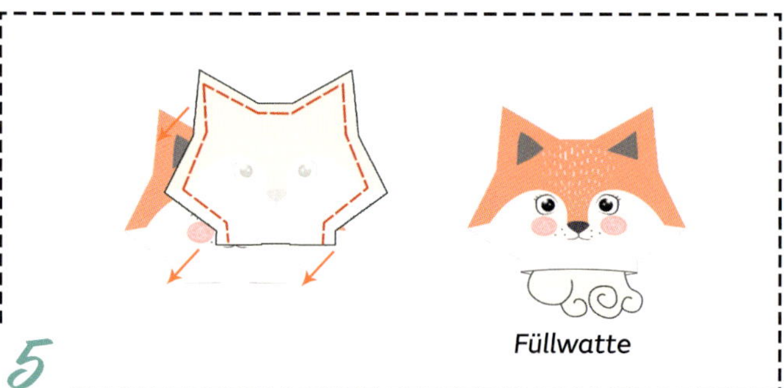

Zusammensetzen des Kopfes: Stecken Sie die beiden Köpfe rechts auf rechts zusammen und nähen Sie sie 5 mm vom Rand entfernt mit Geradstich zusammen. Lassen Sie dabei den unteren Rand offen. Schneiden Sie die Nahtzugabe mit der Zackenschere zurück und wenden Sie den Kopf durch die Öffnung auf rechts. Stopfen Sie ihn nach und nach behutsam mit Füllwatte in kleinen Mengen aus, um (besonders im Bereich der Ohren) unförmige Ausbuchtungen zu vermeiden.

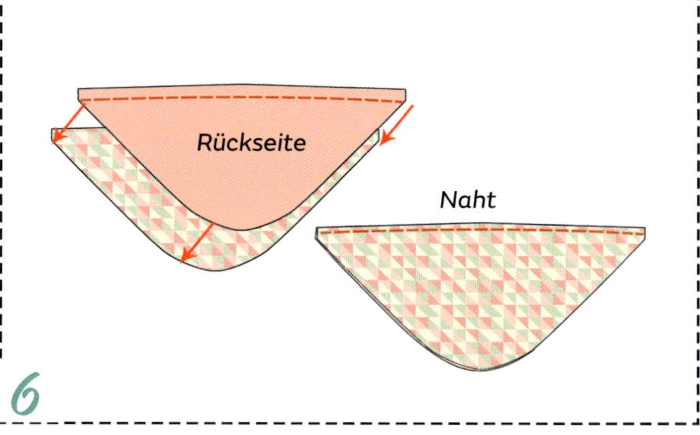

Tasche: Legen Sie die beiden Teile der Tasche (Minky- und bedruckter Stoff) rechts auf rechts und steppen Sie 1 cm vom Rand entfernt die gerade Kante ab. Schneiden Sie die Nahtzugaben mit der Zackenschere zurück, wenden Sie das Teil auf rechts und bügeln Sie die Nähte aus. Steppen Sie knappkantig an der geraden Kante entlang.

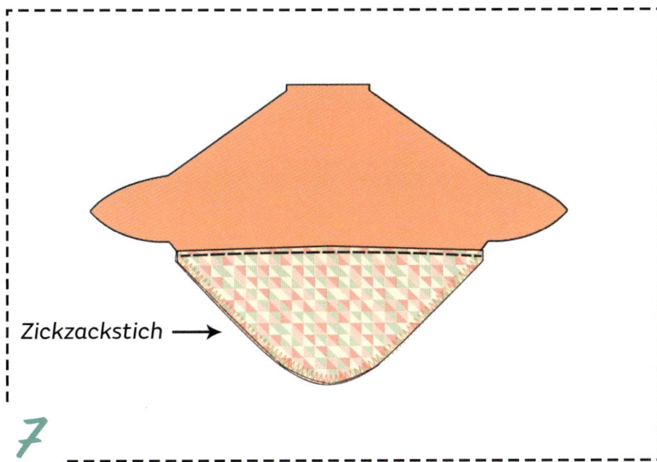

Tasche: Legen Sie die Tasche auf den Körper aus Minky-Stoff und nähen Sie die Teile an den äußeren Rändern mit Zickzackstich zusammen.

Legen Sie den Kopf des Schmusetuchs so auf dieses Teil, dass die Oberseite des Kopfes zur Mitte des Schmusetuchs zeigt und die Vorderseite des Kopfes (das Gesicht) Ihnen zugewandt ist (bei diesem Tuch zeigen Vorder- und Rückseite jeweils ein schlafendes bzw. waches Gesicht: Das wache Gesicht ist auf der bedruckten Stoffseite, also auf der Rückseite des Schmusetuchs). Steppen Sie knapp am Rand entlang, um den Kopf auf dem Tuch zu fixieren.

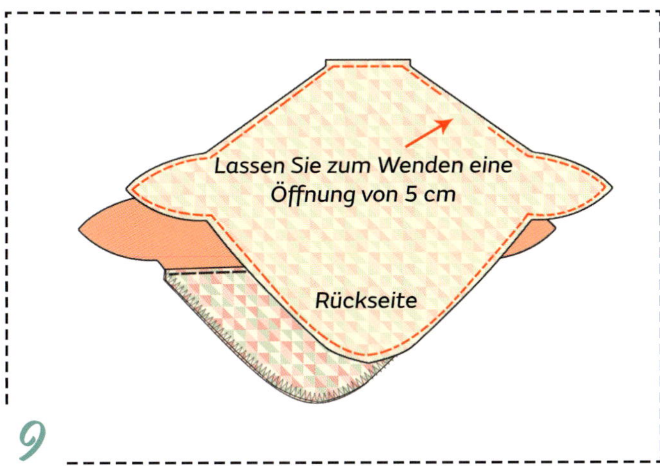

Fertigstellung: Fixieren Sie die Körperteile des Schmusetuchs aus dem äußerem und dem Minky-Stoff (rechts auf rechts) so aufeinander, dass Tasche und Kopf zwischen den beiden Stoffschichten liegen. Steppen Sie 5 mm vom Rand entfernt und schieben Sie dabei den Kopf jeweils zur Seite, damit er nicht in der Naht mitgefasst wird.

Überprüfen Sie zunächst, ob der Kopf nicht versehentlich beim Nähen mit erfasst wurde. Schneiden Sie dann die Nahtzugaben mit der Zackenschere zurück und wenden Sie auf rechts. Streichen Sie die Nahtzugaben im Inneren des Schmusetuchs glatt und steppen Sie knappkantig rundherum ab.

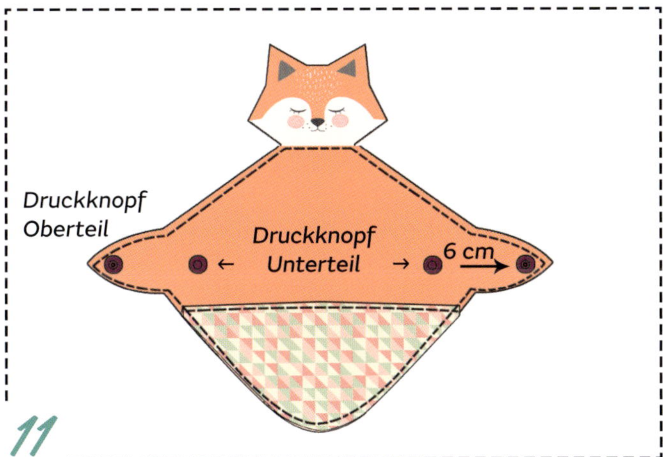

Bringen Sie die Druckknöpfe mit der Druckkopfzange an: die glatte Kappe auf der bedruckten Stoffseite, die beiden Gegenstücke mit dem Köpfchen und der Mulde auf der Minky-Seite. Zentrieren Sie den äußersten Druckknopf mit dem Köpfchen am Ende der Arme und den innersten mit der Mulde 6 cm vom ersten entfernt. Fertig!

Isoliertasche

Mit dieser Tasche können Sie die Mahlzeit Ihres Kindes transportieren und gleichzeitig die Temperatur dank der natürlichen isothermischen Eigenschaften des Jutegewebes halten. Seine Größe ist ideal für zwei kleine Gläschen, einen Teller, Besteck und eine Serviette ... Sie werden begeistert sein!

NIVEAU	1 **2** 3	ZEITAUFWAND	2 Std. 30 Min.

SIE BRAUCHEN

für 1 Tasche:

- **50 x 120 cm bedruckten Baumwollstoff für außen**
- **50 x 75 cm dicht gewebten Jutestoff (Sackleinen) für eine dritte Stofflage**
- **50 x 120 cm einfarbigen wasserfesten Baumwollstoff (wasserfesten feinen Gabardine)**
- **1 Reißverschluss mit 2 Schiebern, 45 cm lang**
- **2 m zu den Stoffen passendes Schrägband**
- **80 cm (40 cm x 2) Gurtband, 25 mm breit**
- **farblich zu den Stoffen passendes Nähgarn**

TIPPS

Waschen
Sie können Ihre Isoliertasche bei 30 °C waschen.

Gebrauch
Die isolierenden Eigenschaften des Jutestoffs sind überraschend gut! Ein Babygläschen bleibt in diesem Beutel lange Zeit warm – aber auch kalt, wenn es aus dem Kühlschrank kommt!

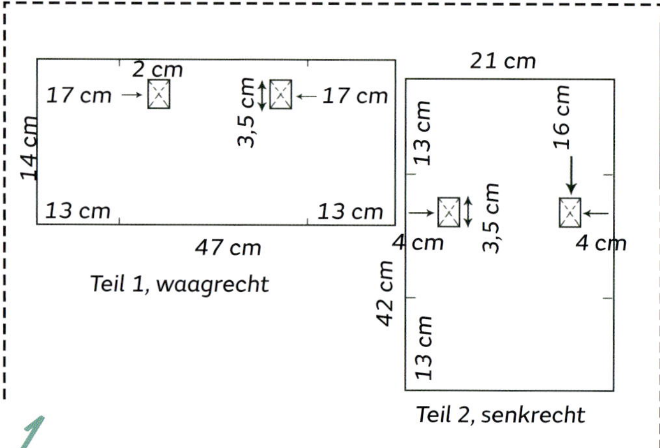

1

Zeichnen Sie auf etwas kräftigerem Papier folgende Schablonen: 2 Rechtecke, eines mit 47 x 14 cm (Teil 1, waagrecht) und das andere mit 21 x 42 cm (Teil 2, senkrecht). Beachten Sie die Markierung für die Gurtbänder.

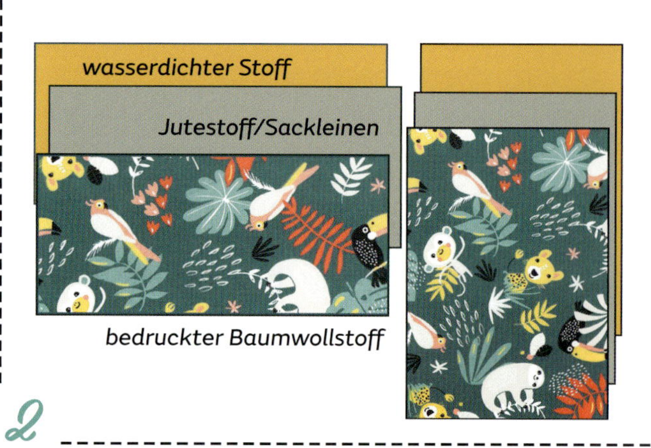

2

Kopieren Sie jede Schablone dreimal: einmal auf den äußeren Stoff, einmal auf das Sackleinen und einmal auf den wasserdichten Innenstoff. Fügen Sie keine Nahtzugaben hinzu, denn die Kanten werden mit Schrägband versäubert.

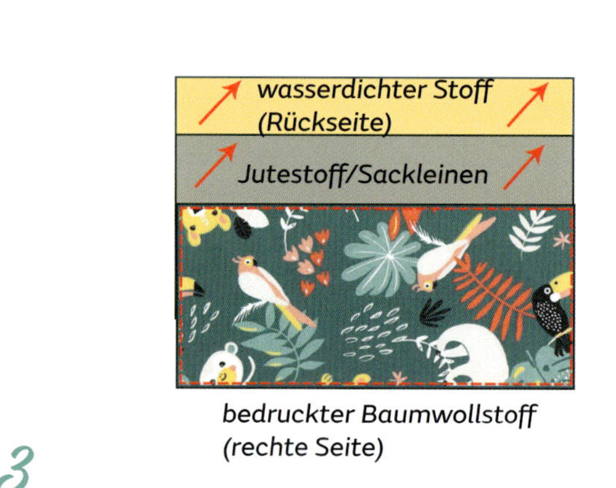

3

Waagrechter Teil: Ordnen Sie die drei Stoffe für den waagrechten Teil 1 wie folgt an: Innenstoff (Rückseite zeigt zu Ihnen), Jute, Außenstoff (rechte Seite zeigt zu Ihnen). Nähen Sie mit Zickzackstich knappkantig einmal rundherum.

4

Gurtband 1: Nähen Sie eines der beiden 40 cm langen Gurtbänder auf die Markierungen (siehe Schnittmuster Teil 1). Nähen Sie dabei mit Geradstich einmal über Kreuz, damit es gut hält.

5

Schrägband: Bringen Sie nur auf der oberen Seite ein Schrägband an. Entfalten Sie das Schrägband und legen Sie es rechts auf rechts auf den wasserdichten Innenstoff. Nähen Sie das Band 5 mm vom Rand entfernt fest. Schlagen Sie es danach Richtung Außenstoff über alle Stoffe. Nähen Sie schließlich das wieder gefaltete Schrägband 5 mm vom Rand entfernt auf den Außenstoff an.

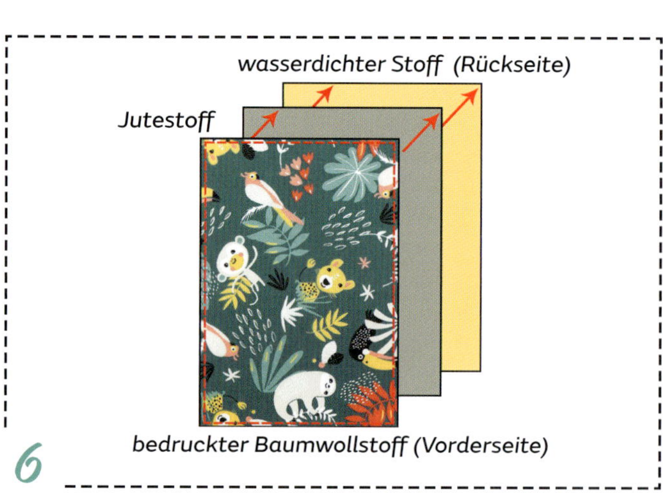

6

Senkrechter Teil: Stecken Sie die drei Stoffteile für Teil 2 wie folgt zusammen: wasserdichter Stoff (Rückseite nach oben), Jutestoff, bedruckter Baumwollstoff (rechte Seite nach oben). Nähen Sie im Geradstich einmal knappkantig rundherum.

7

Gurtband 2: Nähen Sie das zweite Gurtband wie in Schritt 4 auf die Markierungen des äußeren Stoffes (siehe Schablone Teil 2).

8

Befestigen Sie den Reißverschluss mit Stecknadeln am oberen, eingefassten Rand von Teil 1. Der Reißverschluss liegt dabei innen, am Futterstoff. Nähen Sie den Reißverschluss etwa 4 mm vom Rand entfernt mit Geradstich am Schrägband an. Schneiden Sie den Teil, der seitlich über den Stoff ragt, zurück.

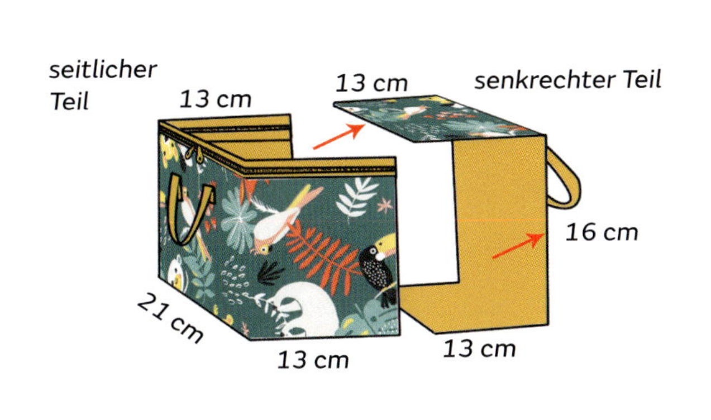

9

Zusammenfügen der beiden Teile: Falten Sie die Stoffe wie in der Abbildung. Fixieren Sie das Reißverschlussband am senkrechten Teil. Die Rückseite liegt dabei am Futterstoff, die Kanten aufeinander. Stecken Sie auch die anderen Kanten der beiden Teile zusammen (Futterstoff an Futterstoff). Steppen Sie mit Geradstich etwa 3 mm vom Rand entfernt rundherum ab. Verschieben Sie die Schieber, damit sie beim Nähen nicht stören.

10

Schrägband: Bringen Sie entlang der Naht ein Schrägband an. Beginnen Sie dabei in der Mitte am Boden der Tasche. Entfalten Sie das Schrägband und stecken Sie es mit der rechten Seite auf dem Außenstoff fest. Steppen Sie 5 mm vom Rand entfernt rundum. Schlagen Sie dann das Schrägband in Richtung zum Reißverschluss um und stülpen Sie es dabei über alle Stoffschichten. Steppen Sie erneut mit Geradstich ab.

Taschentücher + Servietten

Diese Aufgabe kann ohne Weiteres von einem Kind, das gerne mit dem Nähen anfangen möchte, bewältigt werden: das eigene Stofftaschentuch oder die eigene Stoffserviette selbst herstellen! Nur Maße und Stoff sind unterschiedlich; die Ausführung ist ähnlich und vor allem sehr leicht. Nähen Sie gleich eine größere Menge: Stoffservietten für die ganze Familie und für Gäste, aber auch genügend Stofftaschentücher (doppellagig, damit sie nicht so durchlässig sind) zum Wechseln, wenn sie in der Wäsche sind.

NIVEAU 1 2 3 | ZEITAUFWAND 1 Std.

SIE BRAUCHEN

für 1 Taschentuch:

- **30 x 30 cm bedruckten Baumwollstoff**
- **30 x 30 cm einfarbigen Mull oder feinen Flanell**
- **farblich zu den Stoffen passendes Nähgarn**

für 1 Stoffserviette:

- **42 x 42 cm bedruckten Baumwollstoff**
- **42 x 42 cm Baumwoll-Frottee oder Waffelpique**
- **farblich zu den Stoffen passendes Nähgarn**

TIPPS

Waschen
Die heutigen Waschmittel desinfizieren die Wäsche bereits bei 40 °C. Wenn Sie allerdings Schnupfen oder Grippe haben, sollten Sie Ihre Taschentücher mit 60 °C waschen und sie dann mit Dampf bügeln, um auch die letzten Krankheitskeime abzutöten.

Gebrauch
Papiertaschentücher sind nicht per se hygienischer als Stofftaschentücher, man wirft sie nur nach jedem Benutzen weg, sodass das Infektionsrisiko durch Kontakt gering ist. Für eine einwandfreie Hygiene beim Gebrauch von »Mehrwegtüchern« sollten Sie folgende Grundregeln beachten:

- Waschen Sie sich nach jedem Berühren des benutzten Taschentuchs die Hände (auch, wenn Sie es nur in Ihrer Tasche berühren).
- Lassen Sie es nicht auf dem Ess- oder Schreibtisch liegen.
- Bei starkem Schnupfen oder Grippe waschen Sie es täglich bzw. verwenden Sie mehrere Stofftaschentücher pro Tag.
- Achten Sie darauf, dass ein benutztes Taschentuch nicht mit anderen Gegenständen in Berührung kommt: Schlüssel, Geldbörse, Schulsachen oder Arbeitsaccessoires … Benutzen Sie ein Täschchen oder eine Hülle, um es von anderen Gegenständen fernzuhalten!

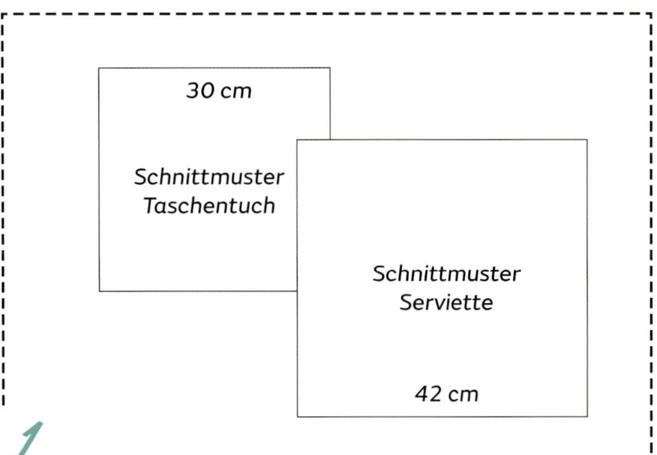

Zeichnen Sie auf etwas festerem Papier oder Karton ein Quadrat von 30 cm Seitenlänge (für das Taschentuch) oder von 42 cm Seitenlänge (für die Serviette). Die Nahtzugaben sind hierbei enthalten (rundum 1 cm).

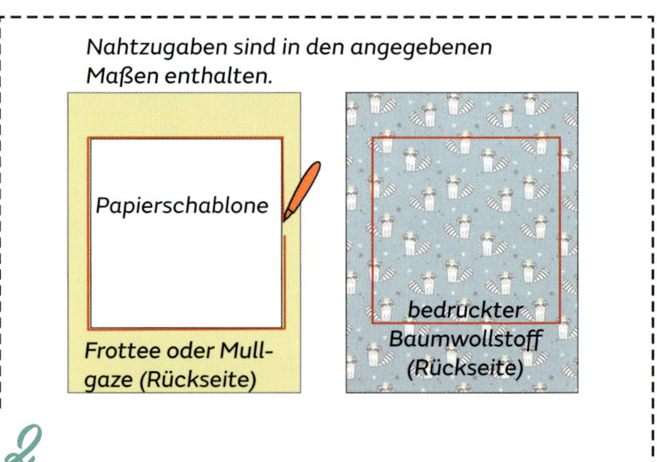

Zeichnen Sie die Umrisse Ihres Schnittmusters

- einmal auf die Rückseite des bedruckten Baumwoll-stoffs;
- einmal auf die Rückseite des Baumwollmulls (für das Taschentuch) oder des Frotteestoffs (für die Stoff-serviette).

Lassen Sie in der Mitte einer Seite eine Öffnung von etwa 5 cm zum Wenden des Taschentuchs.

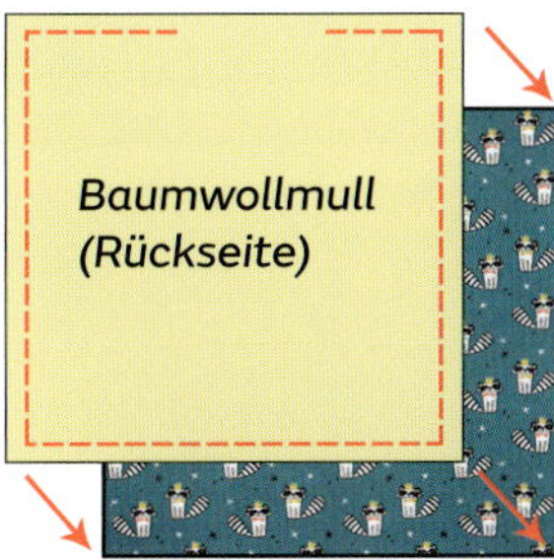

3

Schneiden Sie die Quadrate aus. Legen Sie die verschiedenen Stoffe jeweils mit der Vorderseite aufeinander, stecken Sie die Ränder fest und nähen Sie sie mit Geradstich so zusammen, dass jeweils 1 cm Rand übersteht. Vergessen Sie nicht, am Anfang und am Ende die Rückwärtstaste zu betätigen: zwei oder drei Stiche in jede Richtung!

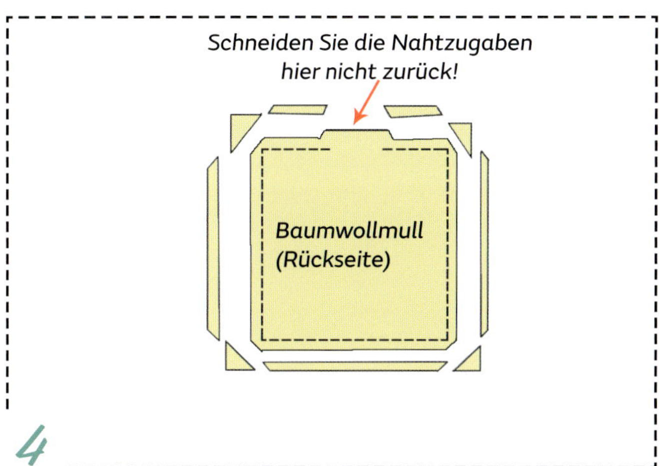

4

Schneiden Sie die Nahtzugaben zurück: an den Ecken schräg und an den Seiten um 5 mm. An der Öffnung bleiben die Nahtzugaben stehen.

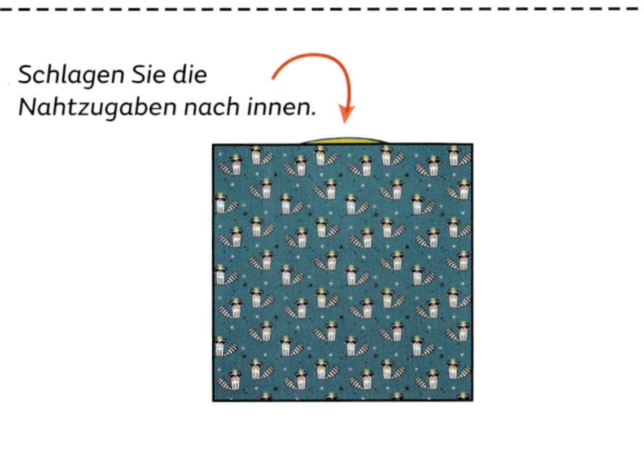

5

Wenden Sie die Serviette oder das Taschentuch nach außen, formen Sie die Ecken mit einem Stift aus und schlagen Sie die Nahtzugaben der Öffnung bündig nach innen um.

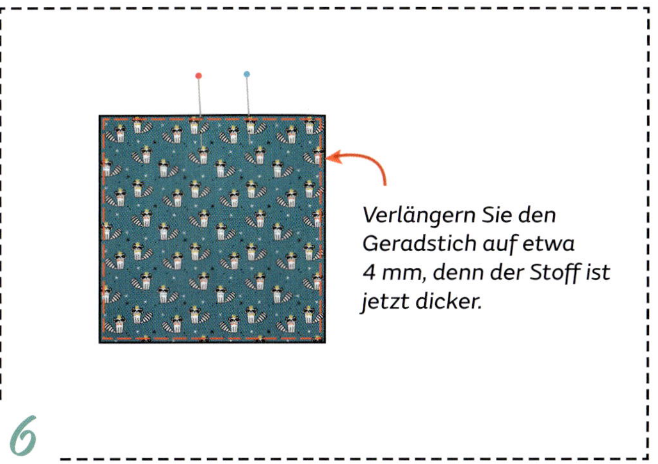

6

Stecken Sie die Öffnung zu und nähen Sie mit Geradstich 2 oder 3 mm vom Rand entfernt einmal um die Serviette bzw. das Taschentuch herum. Beginnen Sie in einer Ecke und betätigen Sie zu Beginn und am Ende die Rückwärtstaste, um die Stiche zu fixieren.

Taschentuchspender

Diese hübschen Taschentuchspender vervollständigen die Sammlung einer umweltbewussten Familie: Sie sind leicht und schnell zu nähen und halten Ihre Taschentücher nach dem Waschen hygienisch sauber.

ZEITAUFWAND | *45 Minuten*

SIE BRAUCHEN

- 28 x 30 cm bedruckten Baumwollstoff
- 28 x 33 cm einfarbigen Baumwollstoff
- farblich zu den Stoffen passendes Nähgarn

TIPPS

Waschen
Ihr Taschentuchspender ist bei 40°C waschbar.

Gebrauch
Falten Sie Ihre Taschentücher wie in der Zeichnung unten gezeigt, bevor Sie sie in den Taschentuchspender legen, damit man sie leicht herausziehen kann.

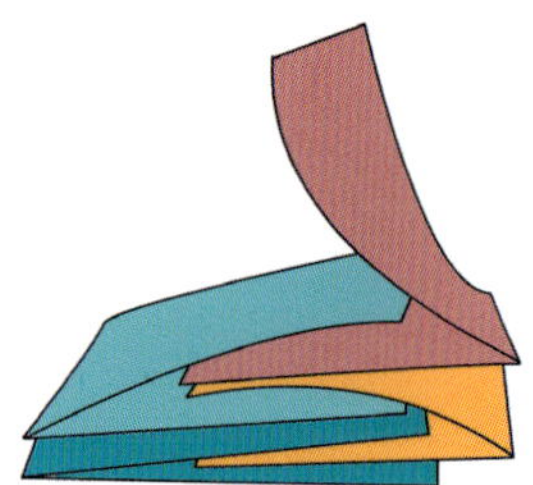

CEREAL
LOND
CITY
MARIA A
"A fascinating book...magic

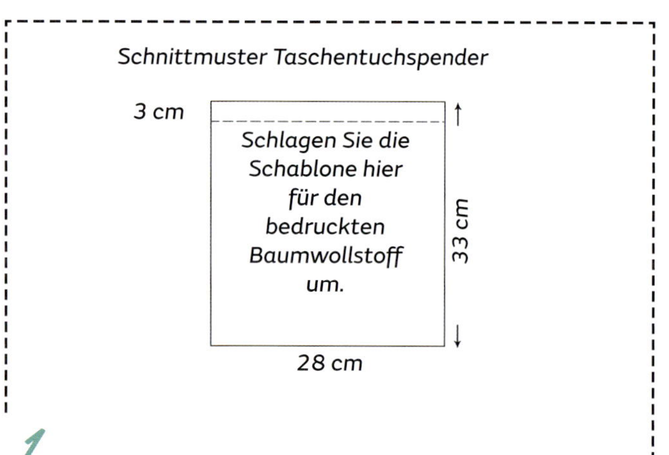

Zeichnen Sie auf etwas festerem Papier ein Rechteck von 28 x 33 cm, und dann eine waagrechte Linie 3 cm unterhalb des oberen Randes, um das Schnittmuster zu falten und das Futter von dem bedruckten Außenstoff abzusetzen. Die Maße enthalten die Nahtzugaben (1 cm rundum).

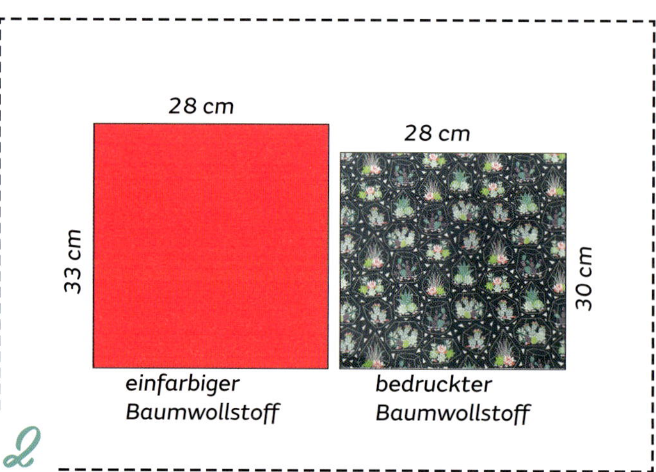

Übertragen Sie das Schnittmuster: einmal auseinandergefaltet auf das einfarbige Futter, und einmal auf der 3-cm-Linie gefaltet auf den bedruckten Baumwollstoff.

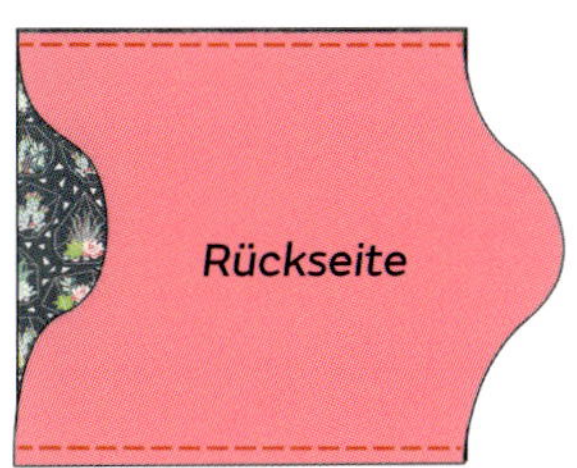

3

Stecken Sie die kürzeren Seiten der beiden Stoffteile rechts auf rechts so aufeinander, dass die Ränder der Stoffe trotz des Größenunterschieds aufeinanderliegen. Schieben Sie den Stoffüberschuss des einfarbigen Stoffes in die Mitte, damit er beim Nähen nicht stört. Nähen Sie die beiden kurzen Seiten 1 cm vom Rand entfernt mit Geradstich zusammen.

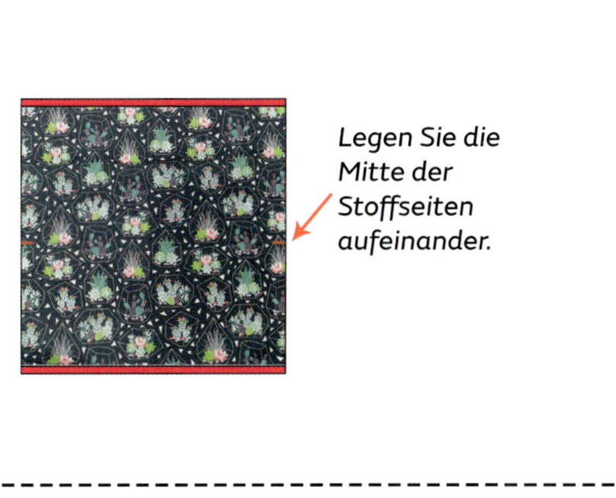

4

Wenden Sie durch eine der noch nicht vernähten Seiten auf rechts. Bügeln Sie die Stoffe flach und verteilen Sie dabei den Überschuss an einfarbigem Stoff gleichmäßig: markieren Sie dazu jeweils die Stoffmitten und legen Sie sie aufeinander.

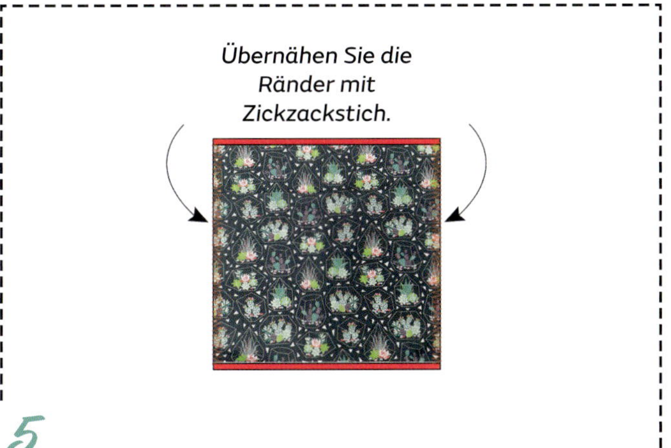

5

Nähen Sie die Ränder der längeren Seiten der beiden Stoffe mit Zickzackstich knappkantig zusammen.

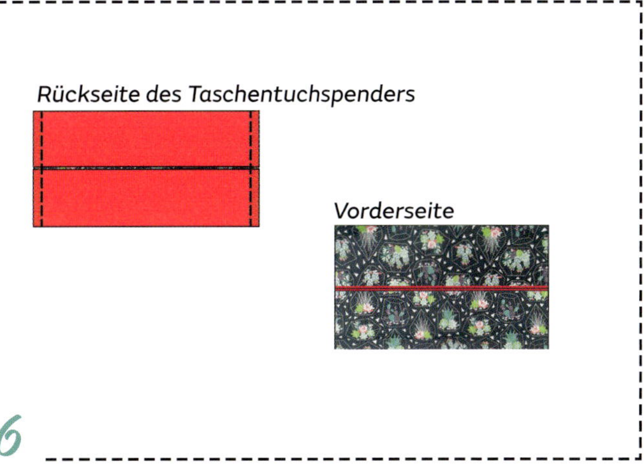

6

Schlagen Sie die beiden kürzeren Seiten zur Mitte hin ein; der einfarbige Baumwollstoff liegt dann oben und ist Ihnen zugewandt. Fixieren und steppen Sie die so gefalteten Seiten mit Geradstich 1 cm vom Rand entfernt ab. Wenden Sie durch die mittlere Öffnung auf rechts. Stecken Sie Ihre Stofftaschentücher hinein.

Spielzeugsack

Eine sehr clevere Nähidee: Mit einem Handgriff wird aus dem Transportbeutel ein Spielteppich und umgekehrt! Wählen Sie einen Durchmesser von mindestens 100 bis 120 cm, damit Ihr Kind das Spielzeug ausbreiten und bequem darauf spielen kann.

ZEITAUFWAND 1 Std. 30 Min.

SIE BRAUCHEN

- bedruckten Baumwollstoff mit einer Seitenlänge von 100 bis 150 cm
- einfarbigen Baumwollstoff mit einer Seitenlänge von 100 bis 150 cm
- Futtervlies mit einer Seitenlänge von 100 bis 150 cm, um das Innere zu füttern
- 3,50 bis 5 m Kordel mit einem Durchmesser von mindestens 6 mm
- farblich zu den Stoffen passendes Nähgarn

TIPPS

Waschen
Ihr Spielzeugsack ist bei 30 bis 40 °C waschbar.

Gebrauch
Öffnen Sie den runden Spielteppich mit dem Kordelzug, legen Sie die Spielsachen darauf und lassen Sie Ihr Kind spielen! Zum Aufräumen legen Sie alle Spielsachen in die Mitte und ziehen die Kordel zu. Mit einem kleinen Knoten bleibt der Sack geschlossen.

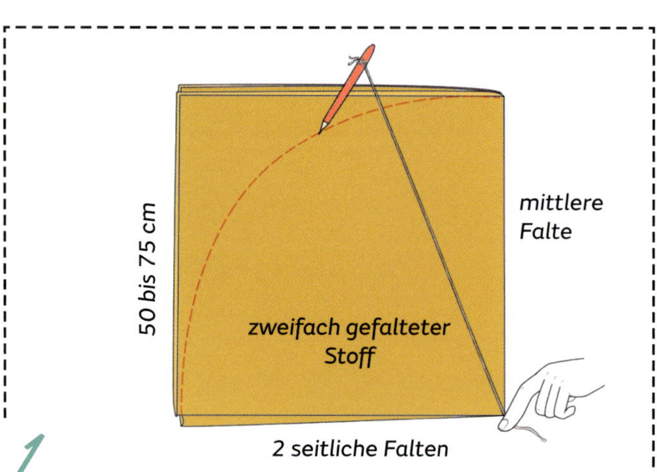

Falten Sie Ihre Stoffquadrate zweimal auf ein Viertel ihrer Größe. Sie erhalten gefaltete Quadrate von 50 bis 75 cm Seitenlänge (in jeweils vier Lagen). Zeichnen Sie auf dem ersten Stoff einen Viertelkreis wie in der Abbildung oben. Beginnen Sie dabei in der Mitte und gehen Sie von einem zum anderen Bruch. Nehmen Sie dafür eine Schnur und einen Trickmarker, setzen Sie ein Ende der Schnur an der Ecke an, in der alle Brüche zusammentreffen, und knoten Sie das andere Ende um den Stift. Schneiden Sie den Stoff entlang des Bogens, den Sie gezeichnet haben, aus.

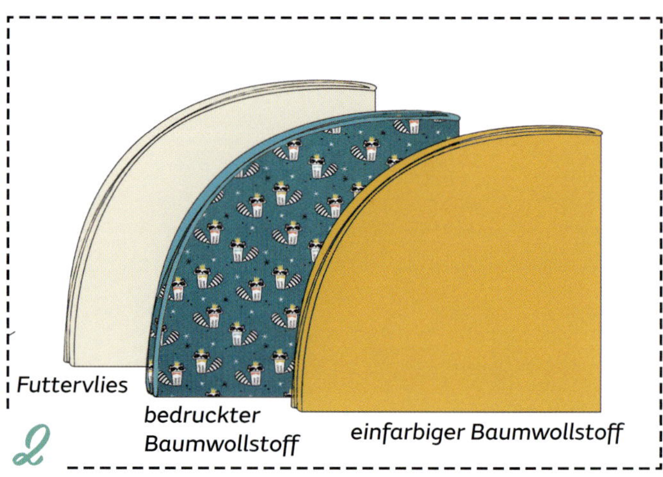

Verwenden Sie das erste auf diese Weise ausgeschnittenen Stoffteil als Schablone für die beiden anderen mit denselben Maßen. Sie erhalten drei Stoffkreise.

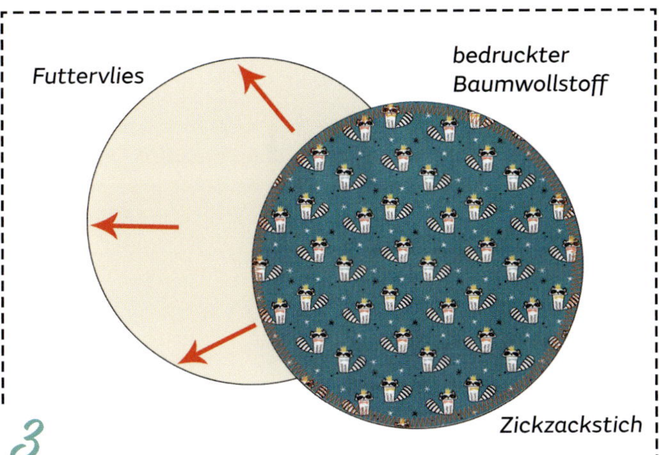

Stecken Sie das Futtervlies auf die Rückseite des bedruckten Baumwollstoffs und nähen Sie die beiden Stoffe knappkantig mit Zickzackstich rundherum zusammen.

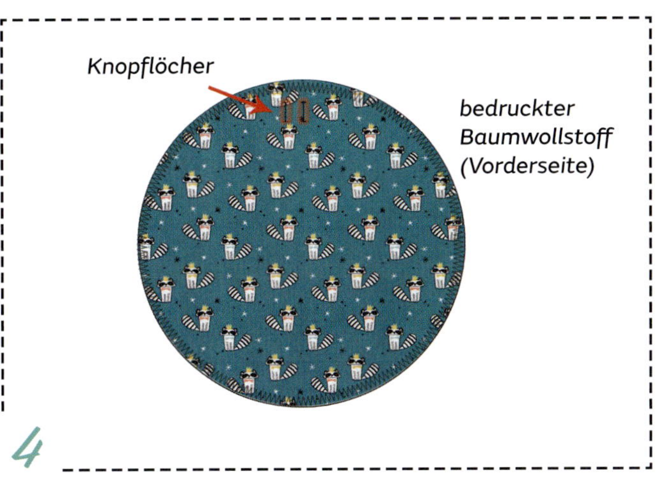

Nähen Sie zwei cm unterhalb des Randes zwei Knopflöcher auf die Vorderseite des bedruckten Baumwollstoffes, jeweils 2 cm lang und 2,5 cm voneinander entfernt. Öffnen Sie die Knopflöcher vorsichtig mit dem Nahttrenner.

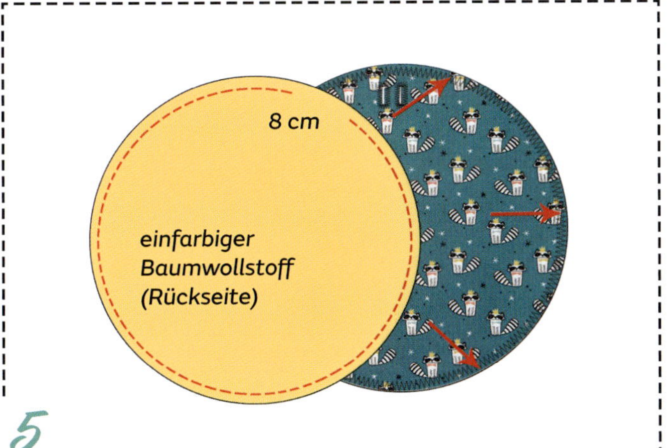

Stecken Sie den einfarbigen Stoff rechts auf rechts auf den bedruckten Baumwollstoff und steppen Sie 1 cm vom Rand entfernt rundherum. Lassen Sie dabei eine Öffnung von etwa 8 cm zum Wenden. Schneiden Sie die Nahtzugaben mit der Zackenschere zurück und wenden Sie dann auf rechts.

Nähen Sie einige Millimeter vom Rand entfernt rundherum und schließen Sie dabei die Öffnung. Machen Sie dann 4 cm vom Rand entfernt mit Geradstich eine zweite Naht für den Tunnelzug. Führen Sie die Kordel durch die Knopflöcher ein und verknoten Sie die Enden, damit sie nicht in den Tunnel zurückrutschen.

Trinkflaschentasche

Diese Tasche erleichtert Ihrem Kind die Mitnahme der Trinkflasche bei einem Picknick oder einem Schulausflug. Lassen Sie Ihr Kind die Stoffe selbst aussuchen, damit ihm die Flaschentasche auch gefällt.

NIVEAU	1	**2**	3	ZEITAUFWAND	2 Std.

SIE BRAUCHEN

- 50 cm bedruckten Baumwollstoff
- 50 cm einfarbigen Baumwollstoff für die Innenseite
- 50 cm dicht gewebtes Sackleinen für die Isolierung
- 40 cm Kordel, 5 mm Durchmesser
- 1 m Gurtband, 30 mm breit
- 2 D-Ringe, 30 bis 35 mm lang
- 1 Leiterschnalle (Gurtschnalle), 35 mm
- 1 Kordelstopper
- farblich zu den Stoffen passendes Nähgarn

TIPPS

Waschen
Die Trinkflaschentasche kann bei 30 bis 40 °C gewaschen werden.

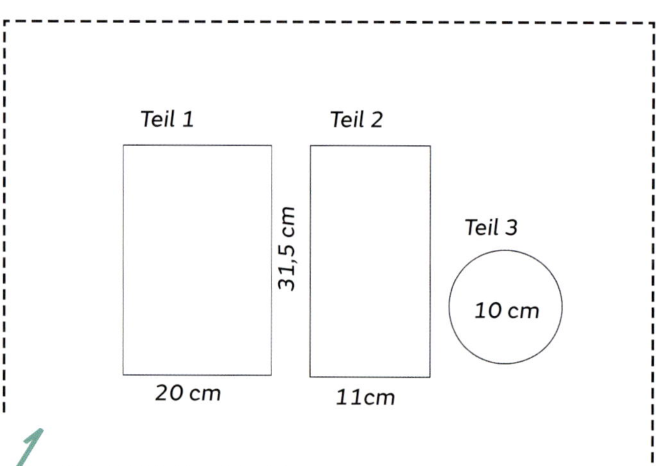

Zeichnen Sie auf etwas festeres Papier ein Rechteck von 31,5 x 20 cm (Teil 1: Körper der Tasche), dann ein weiteres Rechteck von 31,5 x 11 cm (Teil 2: oberer Teil der Tasche) und schließlich einen Kreis von 10 cm Durchmesser (Teil 3: Boden).
Beschriften Sie Ihre Schnittmuster und beachten Sie, dass die Nahtzugaben enthalten sind (1 cm).

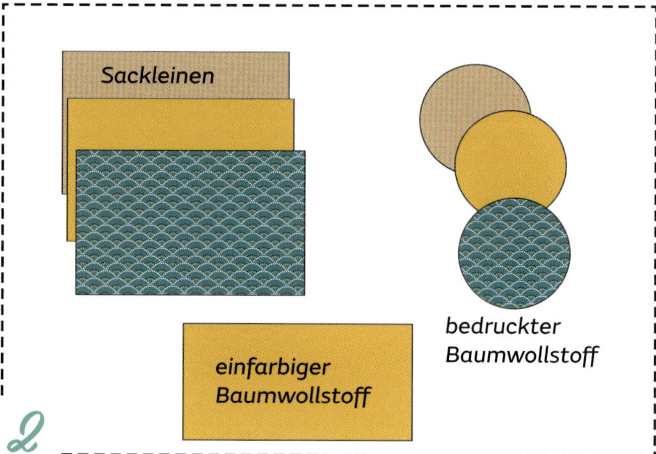

Übertragen Sie die Schnittmuster und schneiden Sie die Stoffe wie folgt aus:

- Teil 1: einmal aus dem bedruckten Baumwollstoff, einmal aus dem Sackleinen, einmal aus dem einfarbigen Baumwollstoff;
- Teil 2: einmal aus einem passenden bedruckten oder einfarbigen Stoff
- Teil 3: je einmal aus dem bedruckten Baumwollstoff, einmal aus dem Sackleinen, einmal aus dem einfarbigen Baumwollstoff

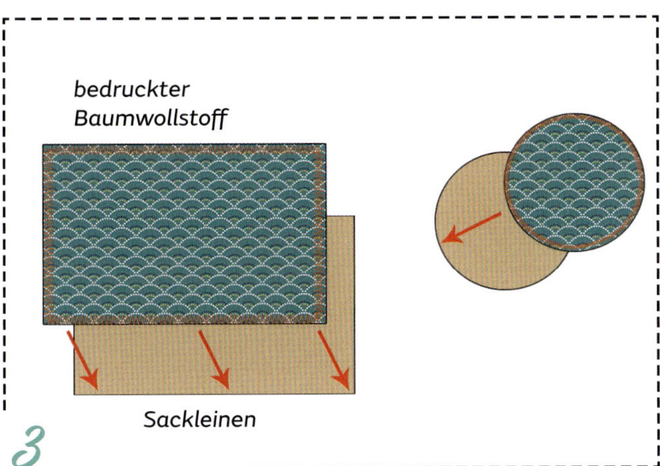

Teil 1 und Teil 3: Fixieren Sie das Sackleinen auf der Rückseite des bedruckten Baumwollstoffs und nähen Sie beide Teile knappkantig rundherum mit Zickzackstich zusammen.

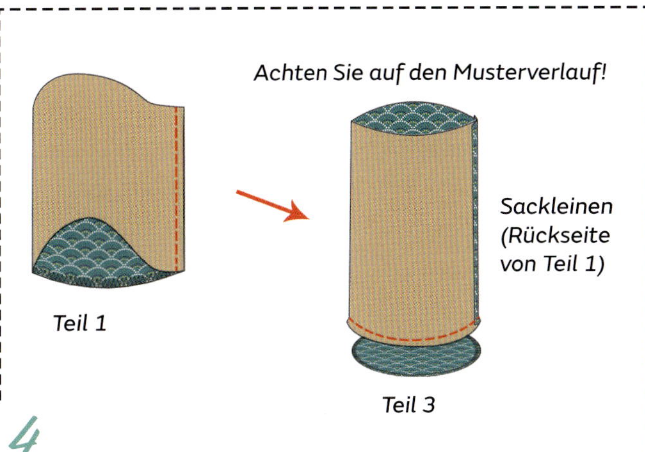

Stecken Sie die kurzen Seiten von Teil 1 aus bedrucktem Baumwollstoff/Sackleinen rechts auf rechts zusammen und nähen Sie mit Geradstich 1 cm vom Rand entfernt. Legen Sie dann Teil 3 aus bedrucktem Baumwollstoff/ Sackleinen rechts auf rechts an dieses Teil. Achten Sie beim Abstecken darauf, dass die Viertel übereinstimmen und nähen Sie 1 cm vom Rand entfernt mit Geradstich einmal rundum.

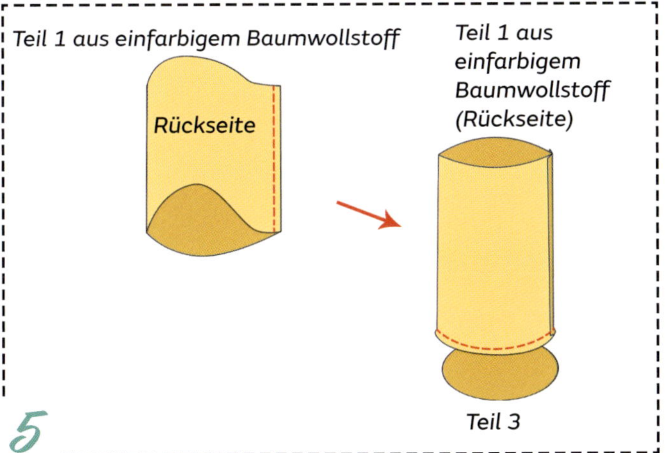

Wiederholen Sie Schritt 4 mit dem einfarbigen Baumwollstoff, rechts auf rechts.

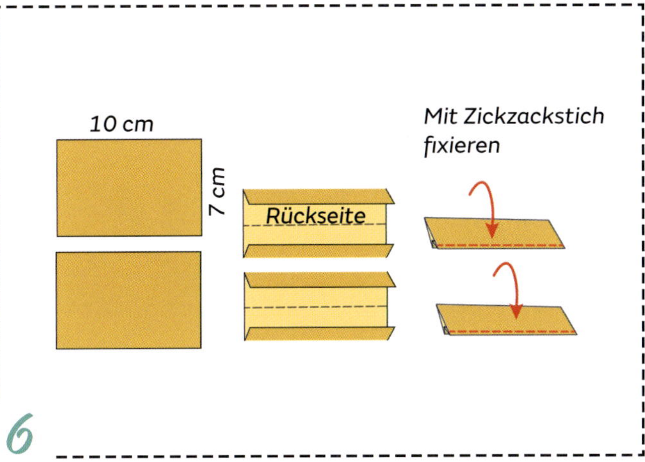

Schneiden Sie aus einfarbigem Baumwollstoff zwei Rechtecke von 10 x 7 cm aus, um die Schlaufen für die D-Ringe zu nähen. Schlagen Sie dafür die längeren Seiten 1 cm auf die Rückseite um, bügeln Sie die Umbrüche und falten Sie erneut in der Mitte des Stoffteils nach innen, sodass die eingeschlagenen Kanten aufeinanderliegen. Nähen Sie knappkantig ab.

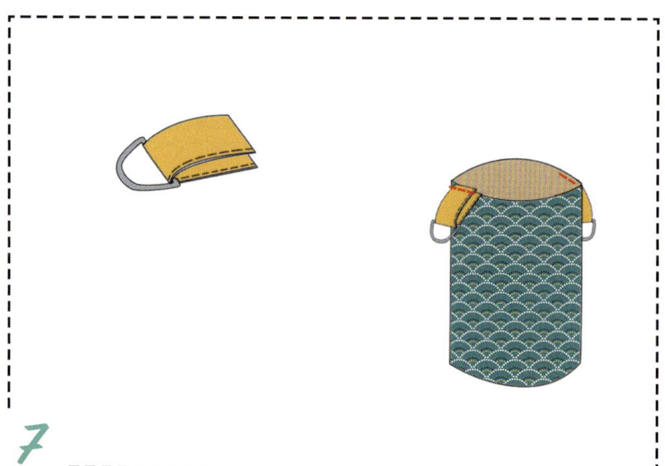

7

Ziehen Sie die D-Ringe über das Band und falten Sie dieses in der Mitte. Fixieren Sie es mit Stecknadeln auf der rechten Stoffseite des Zylinders aus bedrucktem Baumwollstoff. Der D-Ring hängt nach unten.

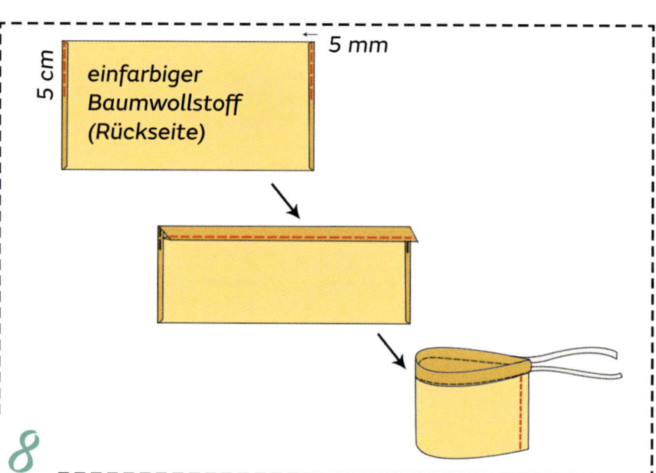

8

Teil 2: schlagen Sie die kurzen Seiten 5 mm nach hinten um und steppen Sie den Umschlag beidseits auf einer Länge von 5 cm. Formen Sie einen Umschlagsaum, indem Sie diesen Teil erst um 1 cm, dann nochmals um 2 cm auf die Rückseite umschlagen und absteppen.
Legen Sie dann die beiden kurzen Seiten rechts auf rechts aufeinander und nähen Sie sie 1 cm vom Rand entfernt mit Geradstich zusammen. Stoppen Sie knapp unterhalb des Umschlagsaums.
Führen Sie die Kordel in den Tunnel ein und bringen Sie einen Kordelstopper an, bevor Sie die Enden verknoten.

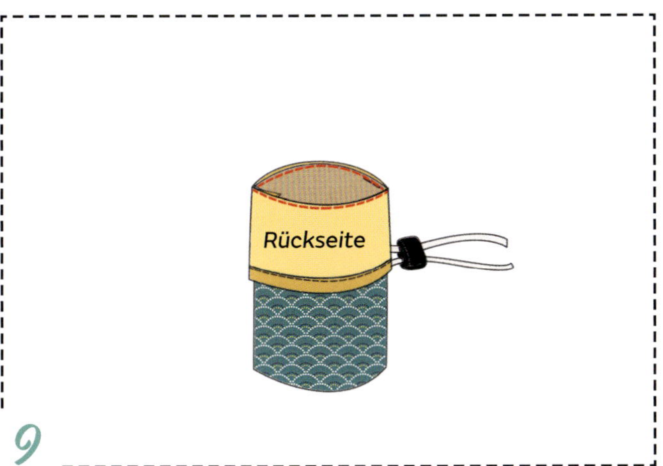

Legen Sie Teil 2 so um den Zylinder aus bedrucktem Baumwollstoff, dass die Vorderseiten aufeinanderliegen und der Teil mit der Kordel nach unten zeigt. Nähen Sie alles rundherum 5 mm vom Rand entfernt zusammen.

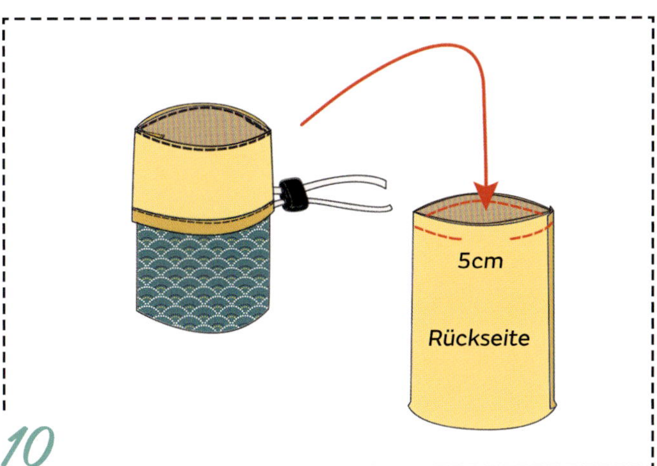

Setzen Sie diese Kombination rechts auf rechts in den einfarbigen Zylinder ein. Die Rückseite des einfarbigen Baumwollstoffs liegt nun außen, Ihnen zugewandt. Nähen Sie 1 cm vom Rand entfernt einmal rund herum, lassen Sie jedoch in der Mitte eine Öffnung von etwa 5 cm zum Wenden.

Wenden Sie durch die Öffnung. Schlagen Sie Teil 2 mit dem Tunnelzug nach oben und steppen Sie rundum entlang der Ansatzlinie von unterem und oberem Teil. Verwenden Sie dafür den Freiarm Ihrer Nähmaschine oder setzen Sie den Nähfuß auf der Innenseite des Zylinders an und nähen Sie nach und nach rundherum.

Führen Sie nun das Gurtband in einen der D-Ringe ein, klappen Sie es nach hinten um und fixieren Sie es mit einer Steppnaht.
Schieben Sie das andere Ende des Gurtbands erst durch die Leiterschnalle, dann durch den zweiten D-Ring und schließlich wieder zurück in die Leiterschnalle, dieses Mal von unten. Fixieren Sie die Enden des Gurtbands mit der Nähmaschine und verwenden Sie eine dicke Nadel (90 oder 100); der Geradstich sollte 4 mm lang sein.

Nackenhörnchen

Mit diesem ebenso hübschen wie praktischen Kissen sind unbequeme Nickerchen auf der Reise vorbei! Es legt sich schmeichelnd um den Hals und hält den Kopf, während man friedlich schläft … In Fuchsform wird es die Kleinen ebenso begeistern wie die Großen – Mädchen oder Jungen, alle werden es lieben.

NIVEAU	1	**2**	3	ZEITAUFWAND	2 Std.

SIE BRAUCHEN

- **40 x 50 cm bedruckten Baumwollstoff**
- **40 x 50 cm einfarbigen Baumwollstoff**
- **20 x 30 cm Bügelvlies**
- **Füllwatte für das Kisseninnere**
- **farblich zu den Stoffen passendes Nähgarn**

TIPPS

Waschen
Das Nackenhörnchen kann bei 30 °C in der Maschine oder mit der Hand gewaschen werden.

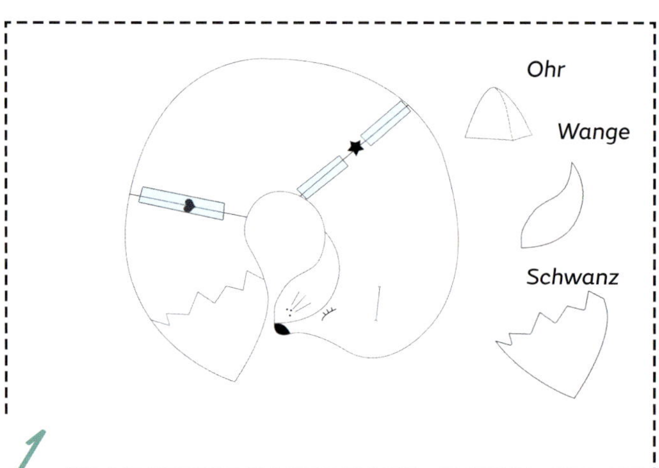

Kopieren Sie die Schnittmuster von Seite 92 ff. auf transparentes Schnittmuster- oder Pauspapier und setzen Sie die drei Teile mit Tesafilm zusammen. Kopieren Sie die Wange des Fuchses und den Fuchsschwanz separat. Vergessen Sie das Ohr nicht!
Beschriften Sie Ihre Schnittmuster und beachten Sie, dass die Nahtzugaben darin enthalten sind (1 cm für den Körper und 5 mm für das Ohr).

Übertragen Sie den Körper und das Ohr
– einmal auf den bedruckten Baumwollstoff,
– einmal auf den einfarbigen Baumwollstoff
und schneiden Sie die Teile aus.
Denken Sie daran, das Schnittmuster einmal umzudrehen, um den Körper und das Ohr des Fuchses zu zeichnen: einmal mit der Vorderseite auf den bedruckten Baumwollstoff und einmal spiegelverkehrt auf den einfarbigen Baumwollstoff.

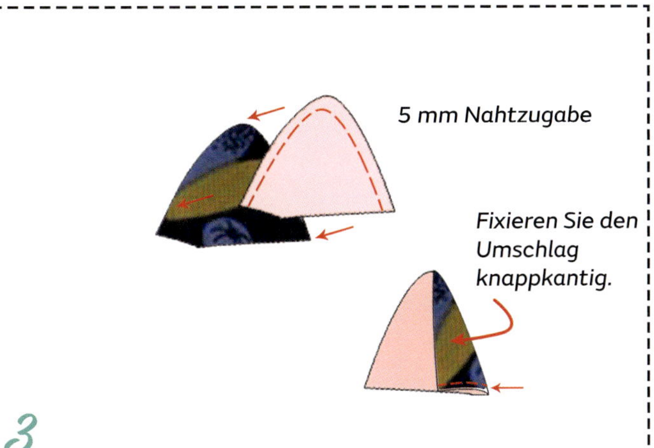

Stecken Sie die Stoffteile für das Ohr rechts auf rechts zusammen und nähen Sie sie mit Geradstich 5 mm vom Rand entfernt zusammen. Nur die untere Kante mit der Ecke bleibt offen. Schneiden Sie die Nahtzugaben mit der Zackenschere zurück und wenden Sie das Ohr auf rechts. Schlagen Sie die Ecke in Richtung zum einfarbigen Baumwollstoff nach innen ein. Steppen Sie unten knappkantig ab, um den Umschlag zu fixieren.

Versteifen Sie die Rückseite eines einfarbigen Rechtecks von 15 x 20 cm mit Bügelvlies. Kopieren Sie auf die Vorderseite des Stoffe die Wange und die Schwanzspitze, schneiden Sie die Teile aus und nähen Sie sie mit engem Zickzackstich an ihren Platz auf dem bedruckten Baumwollstoff.

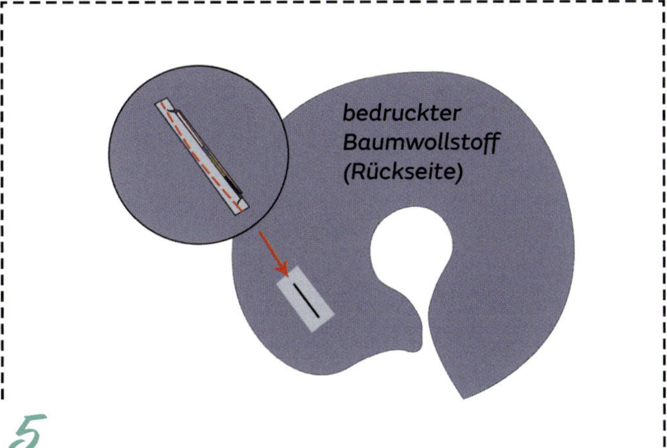

Versteifen Sie die Rückseite des bedruckten Baumwollstoffes an der Stelle für das Ohr (siehe Schnittmuster). Machen Sie mit einem Skalpell oder einer feinen Stickschere einen Schlitz. Stecken Sie das Ohr 4 bis 5 mm weit in die Öffnung und fixieren Sie es mit Stecknadeln auf der Rückseite der Stoffe.
Nähen Sie die drei Stofflagen auf diesen 5 mm mit Geradstich zusammen, um das Ohr im Schlitz zu fixieren. Wenn Sie den Schlitz geschlossen haben, nähen Sie Richtung Rand weiter, als wollten Sie eine Falte machen.

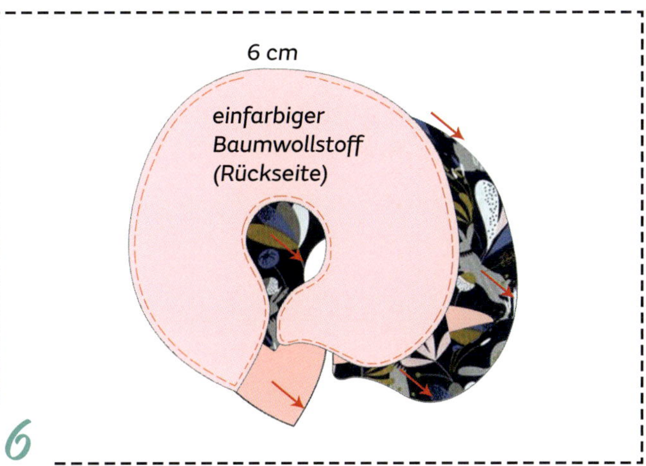

Legen Sie die beiden Stoffteile für den Körper rechts auf rechts, stecken Sie ab und nähen Sie sie 1 cm vom Rand entfernt rundherum zusammen. Lassen Sie dabei jedoch am Rücken eine Öffnung von 6 cm.
Schneiden Sie (außer an der Öffnung) die Nahtzugaben mit der Zackenschere zurück, wenden Sie und füllen Sie das Innere mit Füllwatte. Vernähen Sie die Öffnung per Hand mit Blind- oder Leiterstich.

Kühlrucksack

Mit diesem Rucksack profitieren Sie von den natürlichen isothermen Eigenschaften des Sackleinens, das zwischen zwei Stoffschichten eingearbeitet wird. Auf diese Weise bleibt Ihr Picknick gekühlt – allerdings nur, wenn Sie den Rucksack nicht der direkten Sonne aussetzen!

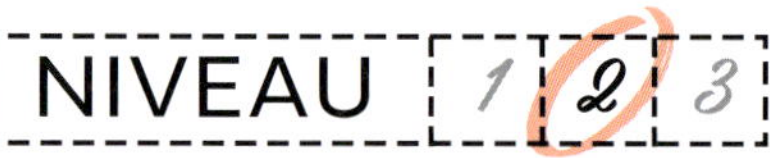

ZEITAUFWAND 2 Std.

SIE BRAUCHEN

- 20 x 100 cm bedruckten Baumwollstoff für die Außenseite
- 30 x 100 cm farblich passenden einfarbigen Baumwollstoff für die Außenseite
- 50 cm einfarbigen Baumwollstoff (120 cm Breite genügen) für das Innenfutter
- 50 cm dicht gewebtes Sackleinen (120 cm Breite genügen) für die Einlage
- 2 kleine Filzstücke
- 2,60 m (Kindergröße) bis 3,20 m (Erwachsenengröße) Kordel, Durchmesser 6 bis 8 mm (je nach Größe Ihrer Ösen)
- 2 Ösen mit einem Durchmesser von 8 bis 10 mm
- farblich zu den Stoffen passendes Nähgarn

TIPPS

Waschen
Wegen des Sackleinens müssen Sie Ihren Rucksack im Feinwaschgang bei 30 °C waschen. Lassen Sie ihn mit dem Futter nach außen in der Sonne trocknen, damit sich keine Feuchtigkeit staut.

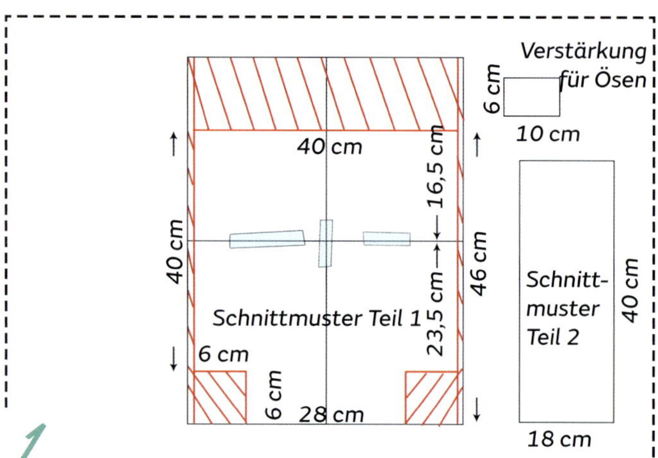

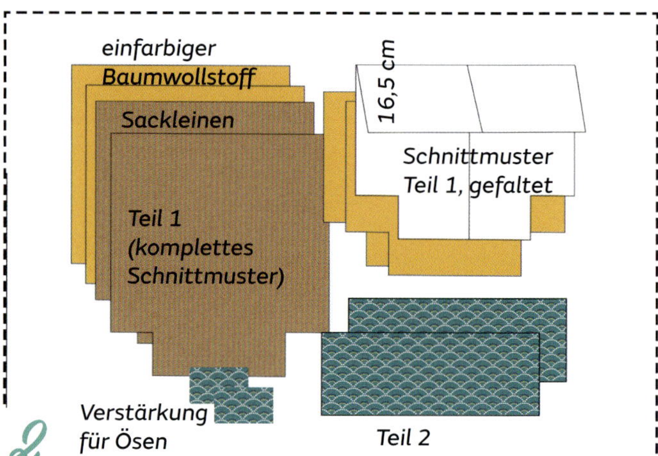

Setzen Sie 4 DIN A4-Blätter wie in der Abbildung mit Tesafilm zusammen. Nehmen Sie rechts und links 1 cm weg, damit Sie eine Breite von 40 cm erhalten. Schneiden Sie dann jeweils ein Quadrat mit 6 cm Seitenlänge aus den beiden unteren Ecken aus. Kürzen Sie den oberen Rand so, dass die Höhe ab der mittleren Verbindungslinie 16,5 cm beträgt.
Zeichnen Sie ein zweites Rechteck von 18 x 40 cm für das obere Teil aus bedruckter Baumwolle, und ein kleines Rechteck von 6 x 10 cm für die Verstärkung der Ösen. Beachten Sie, dass die Maße die Nahtzugaben enthalten (1 cm rundherum).

Schneiden Sie Teil 1 zweimal aus dem einfarbigen und zweimal aus dem Sackleinen aus.
Schlagen Sie das Schnittmuster für Teil 1 16,5 cm in der Höhe ein und schneiden Sie dieses zweimal aus dem farblich passenden einfarbigen Stoff aus. Schneiden Sie Teil 2 zweimal aus dem bedruckten Baumwollstoff aus. Schneiden Sie schließlich die Verstärkungsrechtecke für die Ösen zweimal aus.

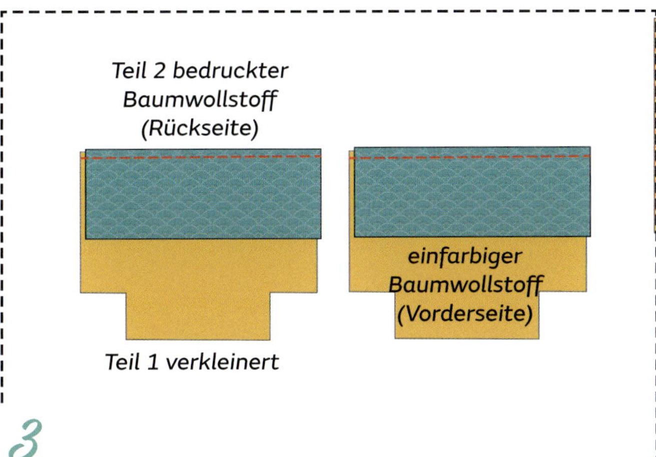

3

Stecken Sie Teil 2 aus bedrucktem Baumwollstoff und den verkleinerten Teil 1 aus einfarbigem Baumwollstoff rechts auf rechts zusammen. Wiederholen Sie dies mit den beiden anderen Stoffteilen. Nähen Sie mit Geradstich 1 cm vom Rand entfernt.

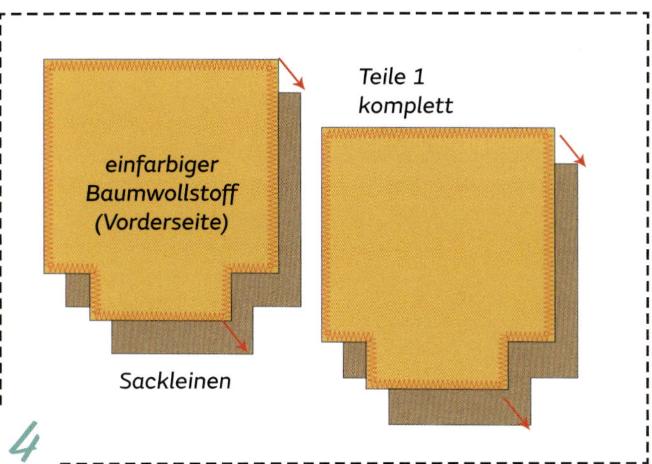

4

Fixieren Sie das Sackleinen (Teil 1) auf der Rückseite von Teil 1 aus einfarbigem Baumwollstoff. Nähen Sie die Stoffe mit Zickzackstich knappkantig rundherum zusammen.

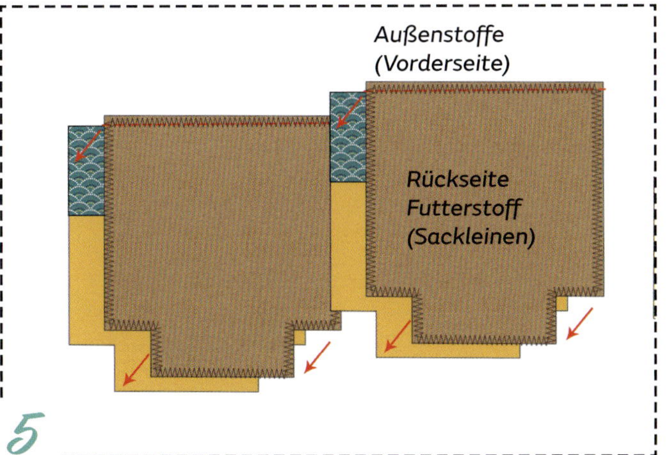

5

Stecken Sie die Stoffteile, die Sie in Schritt 3 zusammengefügt haben, rechts auf rechts an der geraden Kante mit ihren jeweiligen Futterstoffen (+ Sackleinen) zusammen. Steppen Sie nur die obere Kante 1 cm vom Rand entfernt.

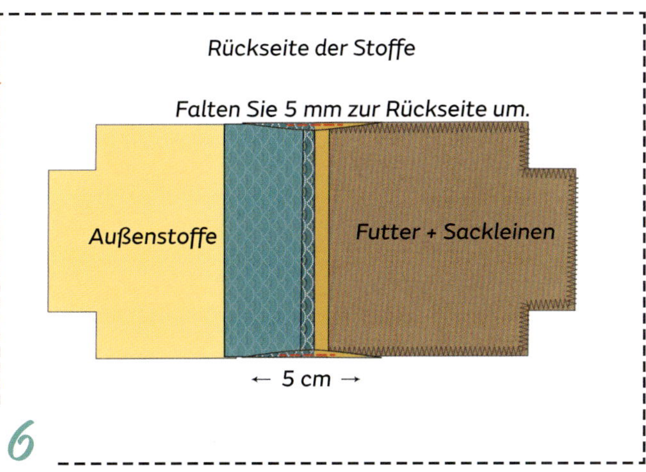

6

Schlagen Sie in der Mitte jedes Stoffteils den Rand 5 mm auf die Rückseite um und nähen Sie diesen Umbruch auf 5 cm Länge ab (2,5 cm beidseits der mittleren Naht).

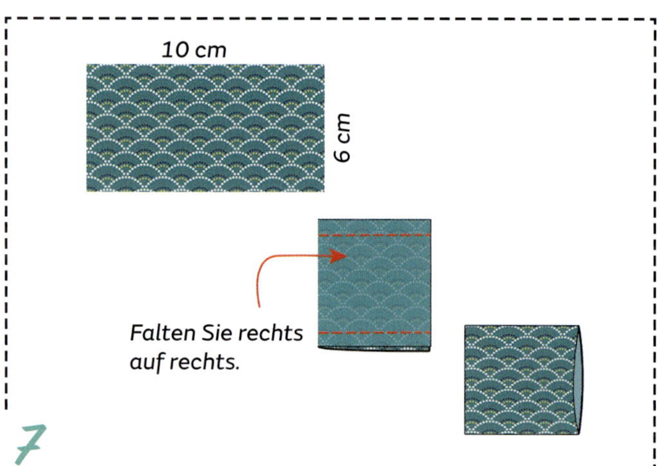

Fertigen Sie die Verstärkung für die Ösen an: Falten Sie sie in der Mitte (rechts auf rechts) kurze Seite zu kurzer Seite. Steppen Sie beide Seiten 1 cm vom Rand entfernt ab, lassen Sie die untere Seite offen. Schrägen Sie die Ecken ab und wenden Sie auf rechts.

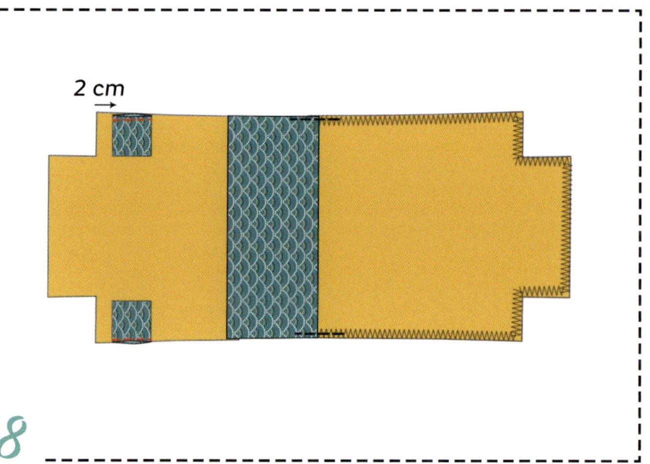

Legen Sie ein kleines Stück Filz in das Innere der beiden Teile, um die Unterlage der Öse zu verstärken. Platzieren Sie die Verstärkungen auf jeder Seite des äußeren Rücksacks, 2 cm oberhalb des quadratischen Ausschnitts. Der gefaltete Teil zeigt nach innen. Nähen Sie sie knappkantig mit Geradstich an.

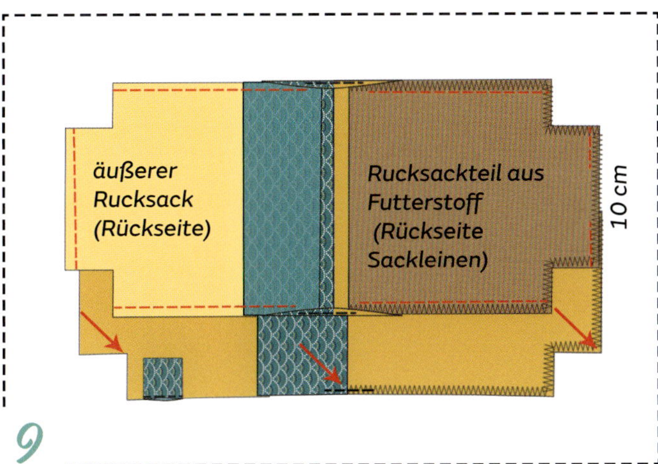

9

Stecken Sie die beiden Stoffkombinationen rechts auf rechts und nähen Sie sie unten und an den Seiten zusammen, lassen Sie jedoch die 5 cm lange Umschlagfalte aus. Lassen Sie eine Öffnung von etwa 10 cm an der unteren Seite des einfarbigen Baumwollstoffs/Sackleinen (Innenfutter).

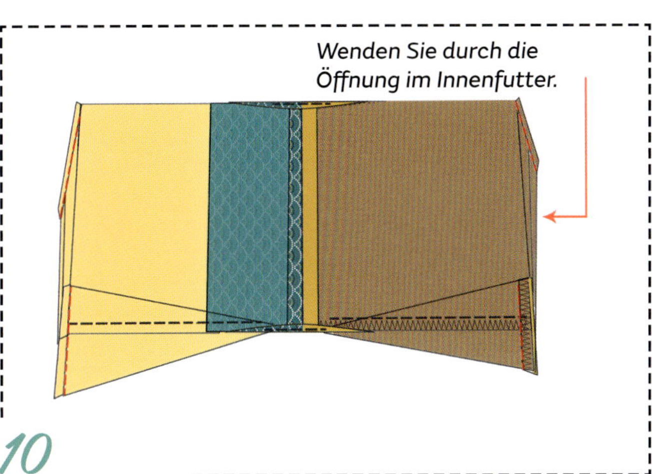

10

Klappen Sie die quadratischen Aussparungen so zusammen, dass die Seitennähte aufeinandertreffen und nähen Sie die Kante 1 cm vom Rand entfernt ab. Wiederholen Sie dies auf jeder Seite des Rucksacks (Innenfutter und Außenrucksack). Wenden Sie durch die unvernähte Öffnung.

11

Schließen Sie die Öffnung per Hand oder mit Geradstich und schlagen Sie das einfarbige Futter/Sackleinen wieder in das Innere des Rucksacks. Machen Sie 2 cm von der oberen Kante entfernt eine Naht für den Tunnelzug.

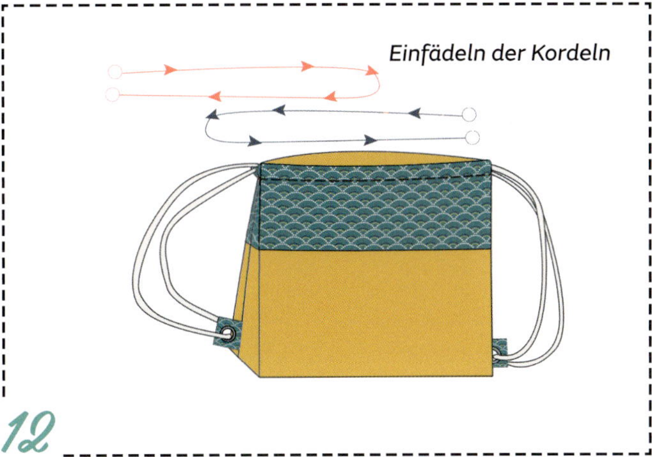

12

Bringen Sie die Ösen mit der Ösenzange an den seitlichen Verstärkungen an. Fädeln Sie die Kordel in den Tunnel und dann in die Ösen ein und verknoten Sie die Kordeln hinter den Ösen auf beiden unteren Seiten des Rucksacks.

Töpfchen-Trainingshose

Diese Töpfchen-Trainingshose soll nicht hundertprozentig saugfähig sein: Das Kind soll lernen, wie unangenehm ein nasser Stoff ist, wenn es nicht daran denkt, aufs Töpfchen zu gehen, und so den Unterschied zwischen Windel und Hose kennenlernen. Das Höschen ist daher nur wenig gefüttert, um kleinere »Lecks« abzudichten. Wenn Sie zwischen dem Jersey und dem saugfähigen Stoff eine Lage PUL-Stoff hinzufügen möchten, können Sie das tun; das Höschen wird dadurch aber etwas steifer.

ZEITAUFWAND 1 Std. 30 Min.

SIE BRAUCHEN

für ein saugfähiges Höschen:

- **Jersey: bedruckten Baumwolljersey von mindestens 50 cm Länge und 120 cm Breite für die Hose**
- **passenden Jersey oder ein feines Strickbündchen: Reste von mindestens 40 cm für die elastischen Teile (an Oberschenkeln und Taille)**
- **saugfähigen Bio-Baumwoll- oder Bambus-Frottee: 44 x 22 cm pro Höschen für 2 Lagen absorbierenden Stoffs (22 x 22 cm für eine einzige Lage)**
- **PUL-Stoff (Stoff, der mit einer dünnen Schicht Polyurethan laminiert ist): 22 x 22 cm, wenn Sie die absorbierende Schicht wasserdicht machen wollen**

TIPPS

Waschen
Diese Hose wird wie Ihre sonstige Wäsche gewaschen. Wenn nötig, kann man sie auch in den Wäschetrockner geben. Denken Sie daran, den absorbierenden Stoff vor dem ersten Tragen mehrmals zu waschen, um die absorbierenden Eigenschaften zu erhöhen.

Gebrauch
Dieses Wäschestück ist leicht anzuziehen und ein guter Kompromiss zwischen Windel und klassischer Hose: Es erlaubt ihrem Kind einen leichten Übergang zwischen den beiden! Erklären Sie ihm, dass es eine Hose und keine Windel ist. Erziehen Sie ihr Kind spielerisch zur Sauberkeit und machen Sie kein Drama aus einem kleinen Malheur!

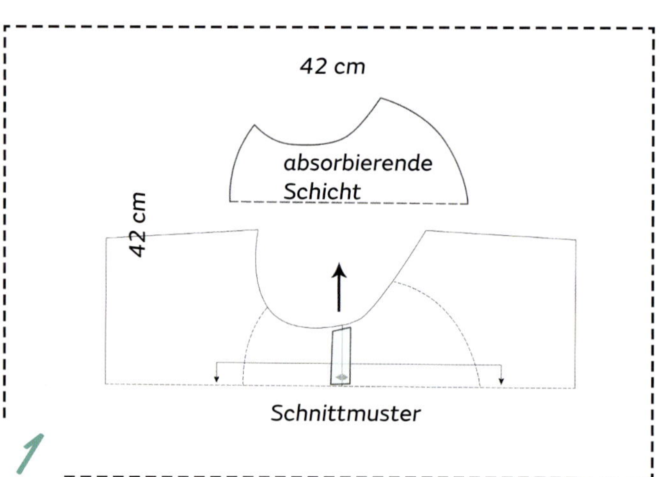

Kopieren Sie die Schnittmusterhälfte von S. 88 mit Pauspapier. Fügen Sie den oberen und unteren Teil in der Mitte mit Tesafilm zusammen. Zeichnen Sie den saugfähigen Teil auf ein anderes Papier. Beachten Sie, dass die Schnittmuster die Nahtzugaben enthalten (5 mm) und an den Stoffbruch angelegt werden.

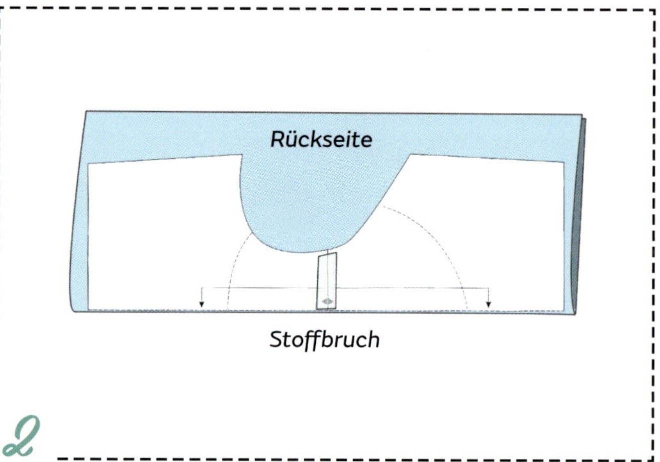

Übertragen Sie die Umrisse der Schnittmusterhälfte auf den in der Mitte gefalteten Jersey. Zeichnen Sie auf der Rückseite des Stoffes die Markierungen für den absorbierenden Stoff ein.

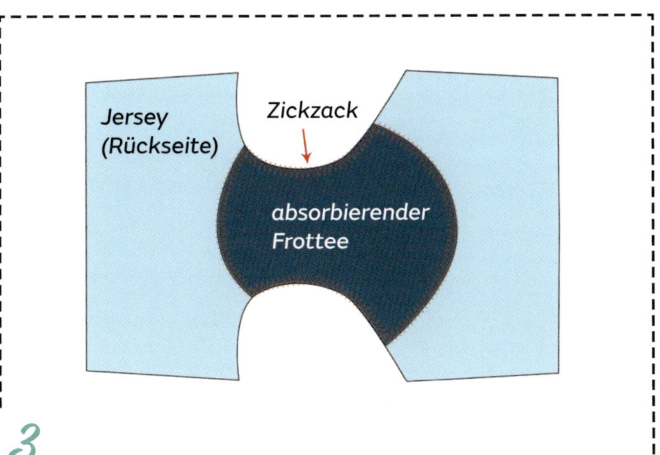

3

Zeichnen Sie nun auf dem Baumwoll- oder Bambusfrottee den absorbierenden Teil. Versuchen Sie es zunächst mit einer einzigen Lage Frottee und probieren Sie aus, ob das genügt. Wenn nicht, können Sie 2 Lagen mit Zickzackstich knappkantig aneinandernähen. Nähen Sie das Frotteeteil an den Markierungen mit Zickzackstich auf die Rückseite des Jerseys (mittlerer Teil).

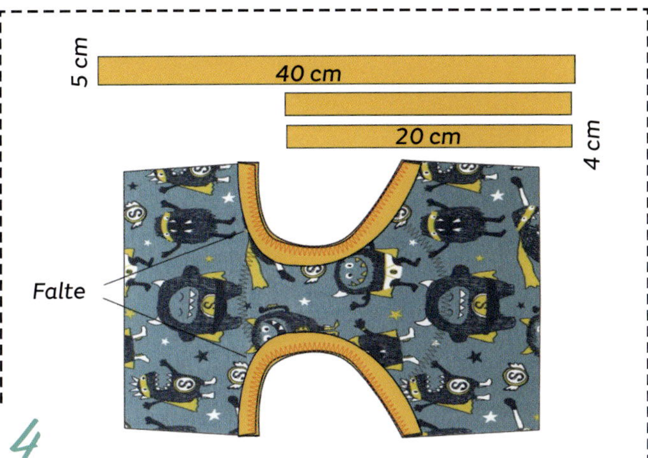

4

Schneiden Sie aus dem einfarbigen Jersey oder dem elastischen Bündchen zwei Streifen von 4 x 20 cm (Oberschenkel) und einen Streifen von 4 x 40 cm (Taille) aus. Falten Sie die Streifen in der Länge. Stecken Sie die elastischen Teile an den Beinen fest und nähen Sie sie, rechts auf rechts, mit Zickzackstich knappkantig an.

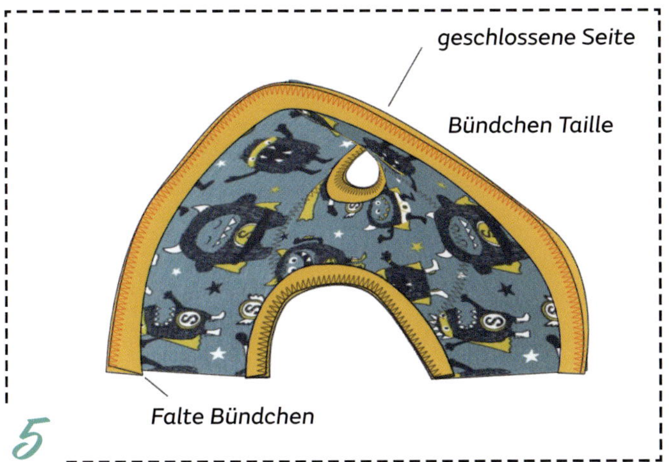

5

Stecken Sie nur eine der beiden Hosenseiten ab und nähen Sie rechts auf rechts mit Zickzack- oder Overlockstich. Befestigen Sie dann das Bündchen für die Taille rechts auf rechts oben an der Hose, die Bruchkante zeigt nach unten.

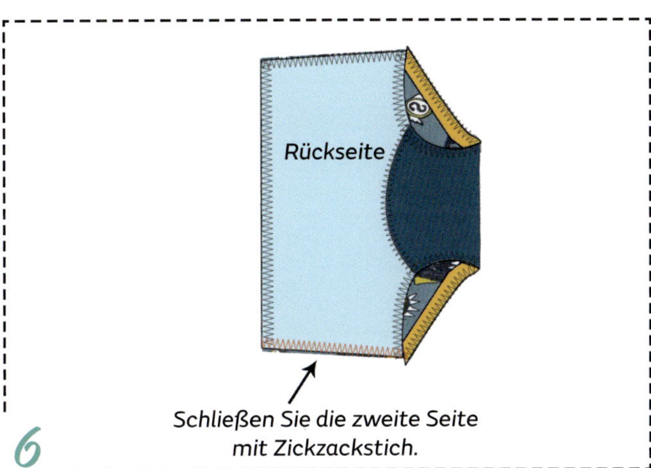

6

Stecken Sie nun die letzte Seite rechts auf rechts ab und schließen Sie sie mit Zickzack- oder Overlockstich. Das Höschen ist fertig.

Waschbare Windeln

Drei Windelgrößen für Ihren Schatz, von der Geburt bis zum Sauberwerden! Sie sind leicht zu nähen und praktisch, fertigen Sie pro Größe gut fünfzehn Stück an, um genügend Windeln zum Wechseln zu haben. Der absorbierende Teil wird in eine Innentasche eingelegt und ist auswechselbar, was schnelles Trocknen nach der Wäsche garantiert und verhindert, dass die Windel beim Tragen zu schwer wird. Lesen Sie die Empfehlungen zum Gebrauch der waschbaren Windeln. Wenn Sie unterwegs sind, heben Sie die gebrauchten Windeln im Windelbeutel auf, bis Sie wieder zuhause sind.

ZEITAUFWAND 1 Std. 30 Min. pro Windel

SIE BRAUCHEN

für 1 waschbare Windel:

- **50 x 60 cm bedruckten Baumwollstoff für die Außenseite**
- **50 x 60 cm PUL-Stoff (polyurethan-beschichtet) um die äußere Stoffschicht zu füttern und wasserdicht zu machen**
- **50 x 60 cm Microfleece für innen, um die Haut trocken zu halten**
- **50 cm x 140 cm (Breite) Bambus-, Hanf- oder Baumwollfrottee für mehrere Einlagen**
- **50 cm Gummiband, maximal 5 mm breit und bei mindestens 60 °C waschbar (Elastin oder Elastan): 3 x 10 cm für Größe S, 3 x 11 cm für Größe M, 3 x 12 cm für Größe L**
- **Druckknöpfe und Druckknopfzange: 12 mit Mulde und 4 Gegenstücke mit Köpfchen oder umgekehrt (wechseln Sie von einer Windel zur anderen, damit die Mengen stimmen)**
- **elastisches Schrägband (FOE: fold over elastic) für die Zwickel: 12 cm für Größe S, 13 cm für Größe M, 14 cm für Größe L**
- **farblich zu den Stoffen passendes Nähgarn**

TIPPS

Waschen
Nehmen Sie die Einlage heraus und waschen Sie sie separat, wenn nötig bei höherer Temperatur. Sie können die Windeln bei 60 °C waschen und die Einlage bei bis zu 90 °C. Verwenden Sie keinen Trockner, da sonst die wasserdichte Schicht der Windeln kaputtgeht. Beachten Sie, dass saugfähige Stoffe wie Bambus oder Hanf vor dem ersten Gebrauch mehrmals gewaschen werden sollten, um die Saugkraft zu erhöhen.

Gebrauch
- Größe S ist für Babys bis zu einem Gewicht von 6 kg geeignet;
- Größe M von 6,5 bis etwa 10 kg;
- Größe L von 10,5 bis etwa 15 kg.

Sehen Sie je nach Größe des Kindes (ein Neugeborenes scheidet weniger Urin aus als ein einjähriges Kind), aber auch je nach Situation (tagsüber, mittags, nachts) 1 bis 3 Einlagen pro Windel vor. Entfernen Sie von gebrauchten Windeln den gröbsten Schmutz (Stuhl) über der Toilette und spülen Sie die Windel aus, damit keine Flecken entstehen. Legen Sie danach die gebrauchten Windeln bis zu 48 Stunden möglichst ohne Wasser in einen geschlossenen Behälter oder Eimer und fügen Sie einige Tropfen Teebaumöl hinzu, das gegen Bakterien, Pilze und Viren wirkt … bis zur Wäsche!

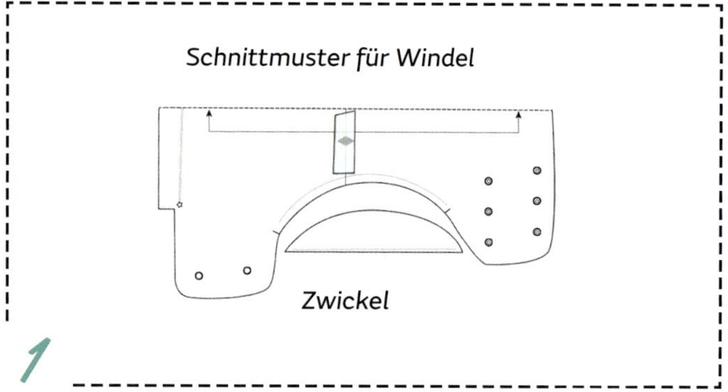

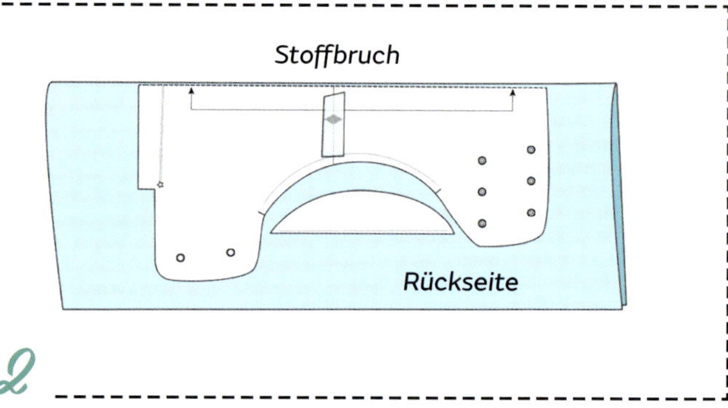

Kopieren Sie das zweiteilige Schnittmuster und die Innentasche von S. 89 ff. mit Pauspapier. Fügen Sie die beiden Papierschablonen in der Mitte mit Tesafilm aneinander und beschriften Sie alles (Bezeichnung, Größe, Nahtzugaben, Markierungen usw.). Beachten Sie, dass dieses Schnittmuster Nahtzugaben enthält (1 cm) und am Stoffbruch angelegt werden muss.

Kopieren Sie das Schnittmuster der Windel dreimal: einmal auf den äußeren Stoff in bedruckter Baumwolle, einmal auf den PUL-Stoff und einmal auf das Microfleece. Zeichnen Sie auch den Zwickel auf die Rückseite des bedruckten Baumwoll- und des PUL-Stoffs.

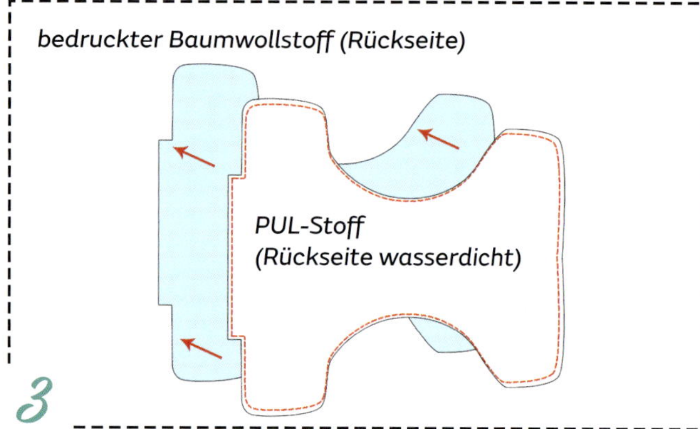

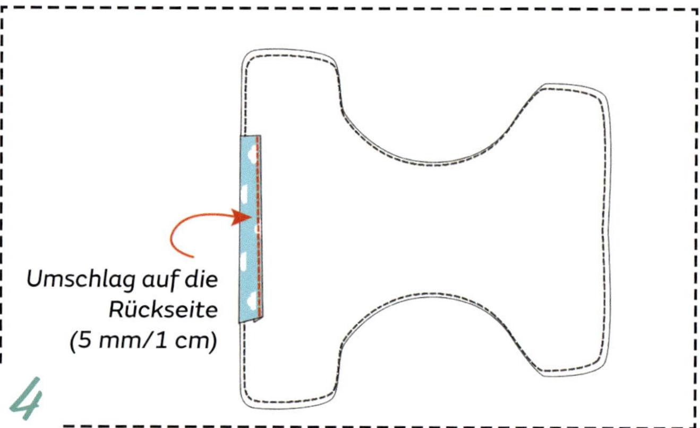

Äußerer Teil: Legen Sie das bedruckte Baumwollteil (mit der Rückseite nach oben) und den PUL-Stoff (wasserdichte, glänzende Schicht nach oben) aufeinander. Stecken Sie vorzugsweise mit Stoffklammern und nicht mit Stecknadeln ab, damit keine Löcher im PUL-Stoff entstehen. Nähen Sie die beiden Teile knappkantig mit Geradstich zusammen.

Gummizug am Rücken: Schlagen Sie das Rechteck, das über den oberen Teil der Windel hinausragt, zweimal auf die Rückseite des Stoffes um (erst 5 mm, dann 1 cm), um einen Tunnel für das Gummiband zu formen. Nähen Sie mit Geradstich 1 cm von der oberen Kante entfernt. Verfahren Sie ebenso mit dem Teil aus Microfleece und dem Teil aus Schritt 3.
Ziehen Sie das Gummiband mit einer Sicherheitsnadel in den Tunnel ein. Fixieren Sie ein Ende am Tunnelausgang mit senkrechtem Geradstich, der gleichzeitig den Tunnel schließt, und ziehen Sie dann das Gummiband auf die andere Seite des Tunnels, um es dort wiederum mit senkrechtem Geradstich zu fixieren.

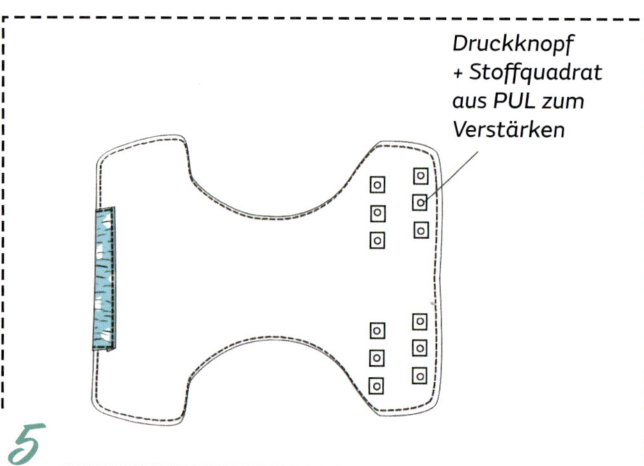

Druckknöpfe: Legen Sie auf die PUL-Seite an die Stelle der Druckknöpfe kleine Quadrate aus PUL, um den Stoff zu verstärken, und platzieren Sie dann die Druckknopfteile mit der Mulde ausschließlich auf den Flügeln des Vorderteils der Windel. Die Mulde liegt dabei auf der Seite des bedruckten Baumwollstoffs.

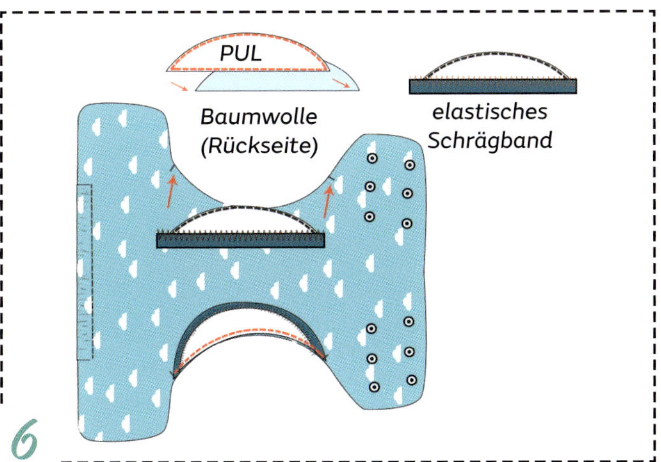

Zwickel: Legen Sie die beiden Stoffe für jeden Zwickel aufeinander, die Rückseite des bedruckten Baumwollstoffs nach oben, dann die glänzende Schicht des PUL-Stoffs nach oben. Nähen Sie beide Teile mit kurzem Geradstich knappkantig aneinander.
Schlagen Sie das elastische Schrägband um die gerade Kante jedes Zwickels und nähen Sie es mit Zickzackstich fest.
Platzieren Sie dann die Zwickel auf jeder Seite zwischen die Markierungen des Gummibands; dabei liegt die Vorderseite des Zwickels auf der Vorderseite der Windel (aus bedrucktem Baumwollstoff), und der abgerundete Teil des Zwickels zeigt zum Windelrand. Steppen Sie 5 mm vom Rand entfernt mit Geradstich ab.

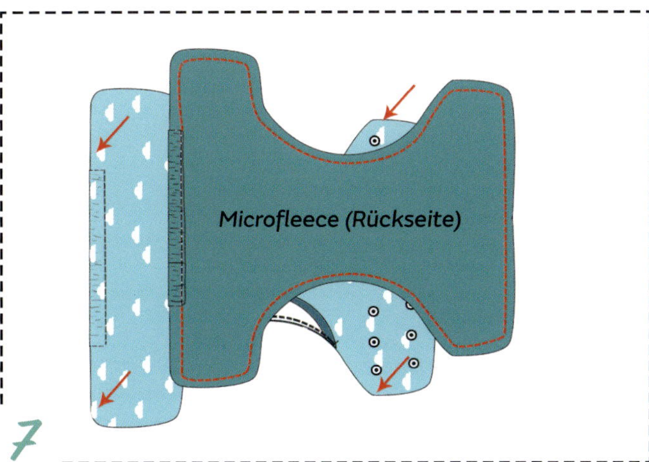

Zusammenfügen des äußeren Teils mit dem Microfleece: Stecken Sie das äußere Teil (aus bedrucktem Baumwollstoff und PUL-Stoff) mit Stecknadeln auf das Microfleece (rechts auf rechts). Steppen Sie 1 cm vom Rand entfernt rundherum.

Legen Sie dann die Gummibänder an den Markierungen für die Schenkelrundungen auf die Nahtzugabe und nähen Sie sie mit unterbrochenem Zickzackstich an. Schneiden Sie die Nahtzugaben außer an den Gummibändern zurück. Wenden Sie auf rechts.

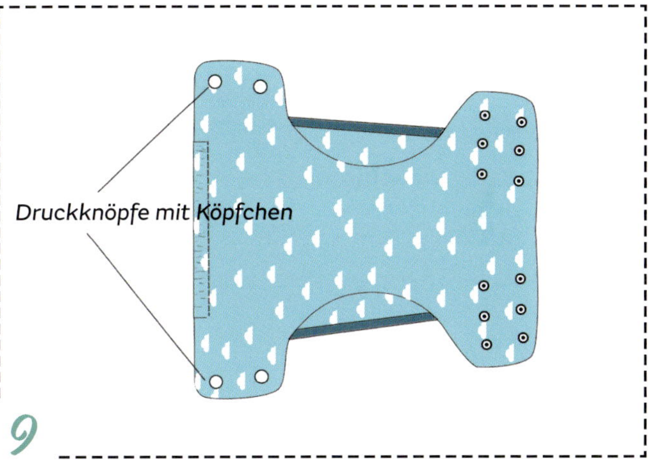

Druckknöpfe mit Köpfchen: Fixieren Sie nun die 4 Druckknöpfe mit Köpfchen auf den Flügeln der Windelrückseite, durch alle Lagen hindurch. Das Steckköpfchen liegt innen (Microfleece).

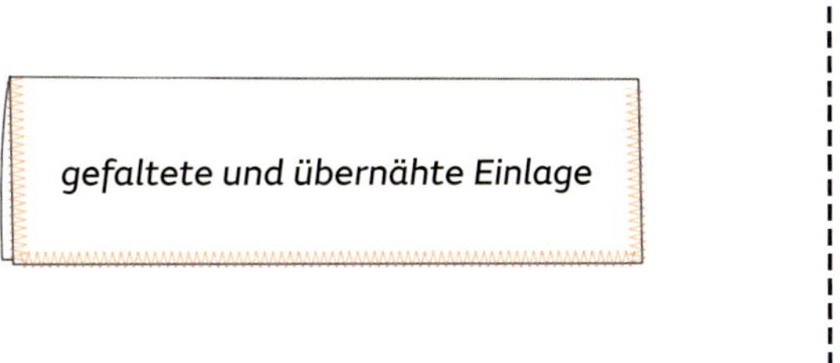

10

Einlage: Nehmen Sie dafür ein Rechteck von 26 x 30 cm (Größe S), 28 x 34 cm (Größe M) oder 32 x 37 cm (Größe L) aus Bambus, Hanf oder Baumwolle. Falten Sie es der Länge nach auf ein Rechteck und versäubern Sie die offenen Kanten mit Zickzackstich. Sehen Sie zwei bis drei Einlagen pro Windel vor, je nachdem, ob sie für die Nacht, das Mittagsschläfchen oder tagsüber gebraucht wird.

Windelbeutel

Wenn Sie Ihr Kind unterwegs wickeln müssen, können Sie die gebrauchten Windeln in diesem Beutel aufbewahren. Er ist luft- und wasserdicht, schließt also schlechte Gerüche und Feuchtigkeit sicher ein. Auf diese Weise verhalten Sie sich auch unterwegs umweltbewusst.

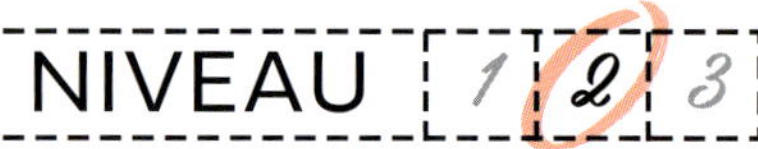

ZEITAUFWAND | *1 Std. 30 Min.*

SIE BRAUCHEN

für 1 Windelbeutel:

- **bedruckten Baumwollstoff für die Außenseite (mindestens 50 cm lang x 120 cm breit)**
- **35 cm x 10,5 cm dazu passenden einfarbigen Baumwollstoff für den Griff**
- **50 cm x 120 cm PUL-Stoff (mit Polyurethan laminierter Stoff), um das Innere zu füttern und wasserdicht zu machen**
- **35 cm x 10,5 cm Volumenvlies**
- **1 Reißverschluss, nicht teilbar, 25 cm lang**
- **farblich zu den Stoffen passendes Nähgarn**

TIPPS

Waschen
Sie können den Windelbeutel bei bis zu 60 °C waschen. Geben Sie ihn jedoch nicht in den Trockner, da sonst die wasserdichte Beschichtung des PUL-Stoffs angegriffen wird.

Gebrauch
Sie können die waschbaren Windeln bis zu 48 Stunden in diesem wasserdichten Beutel aufbewahren. Geben Sie einige Tropfen Teebaumöl hinzu, um zu verhindern, dass durch die Feuchtigkeit der verschmutzten Windeln Bakterien und Pilze entstehen.

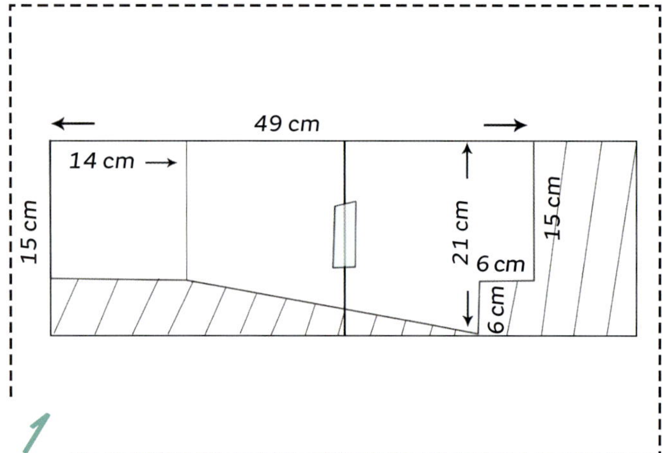

Kleben Sie zwei weiße DIN A4-Blätter an den kurzen Seiten mit Tesafilm zusammen. Zeichnen Sie vom oberen Rand ausgehend, der die Mitte der Schablone darstellt, eine Schnittmusterhälfte mit den auf der Zeichnung angegebenen Maßen, die dann an den Stoffbruch angelegt wird.
Schneiden Sie die schraffierten Flächen ab und beschriften Sie Ihr Schnittmuster: diese Schnittmusterhälfte gibt die Maße für den Rücken und den oberen Teil des Windelbeutels vor. Die Nahtzugaben sind enthalten (5 mm für den Reißverschluss und 1 cm für die anderen Nähte).

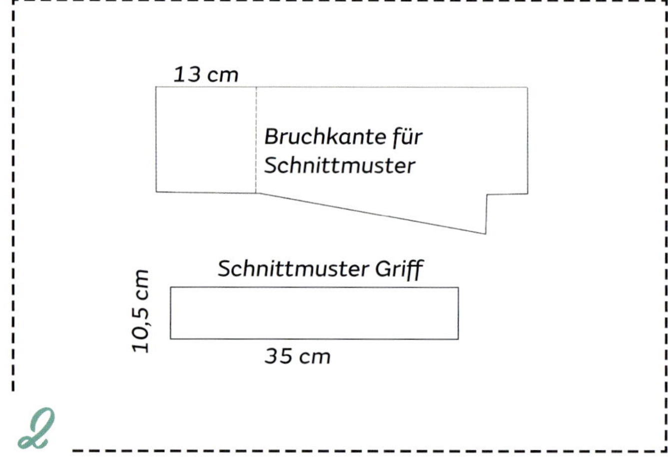

Zeichnen Sie nun in 13 cm Abstand von der linken Seite der Papierschablone eine Linie. Diese Linie markiert den Bruch, durch den Sie das Schnittmuster der Beutelvorderseite erhalten. Zeichnen Sie auch eine Papierschablone für den Beutelgriff: 35 x 10,5 cm.

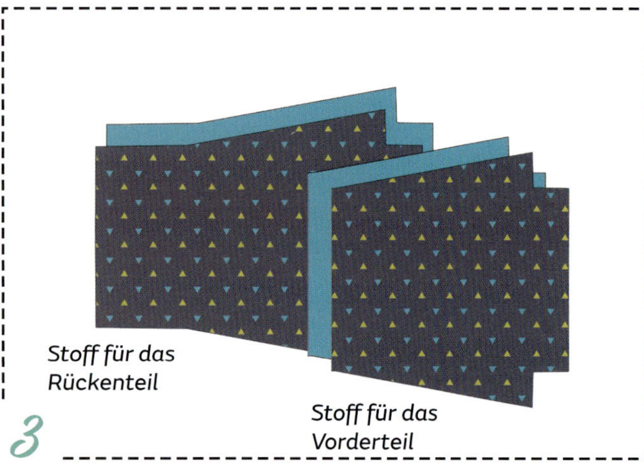

Falten Sie Ihren Stoff in der Mitte, um die Schablonenhälfte der ganzen Länge nach an den Stoffbruch anzulegen. Übertragen Sie die Umrisse einmal auf den bedruckten Baumwollstoff für die Außenseite und einmal auf den PUL-Stoff für das wasserdichte Futter. Schlagen Sie dann die Schablone an der Markierung 13 cm vom Rand entfernt um und übertragen Sie diese Umrisse noch einmal auf den immer noch gefalteten bedruckten Baumwollstoff und einmal auf den PUL-Stoff. Schneiden Sie jeweils durch beide Stofflagen, um symmetrische Stücke zu erhalten.

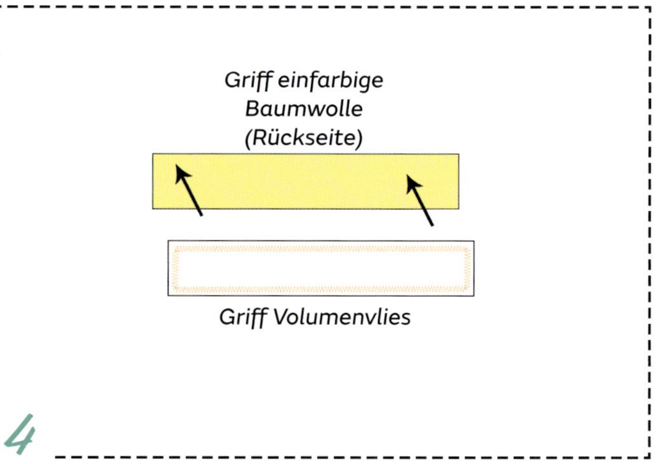

Zeichnen Sie den Griff einmal auf einen passenden Stoff und einmal auf Volumenvlies und schneiden Sie beides aus. Legen Sie das Volumenvlies auf die Rückseite des einfarbigen Baumwollstoffs und nähen Sie beide Stoffe knappkantig mit Zickzackstich zusammen.

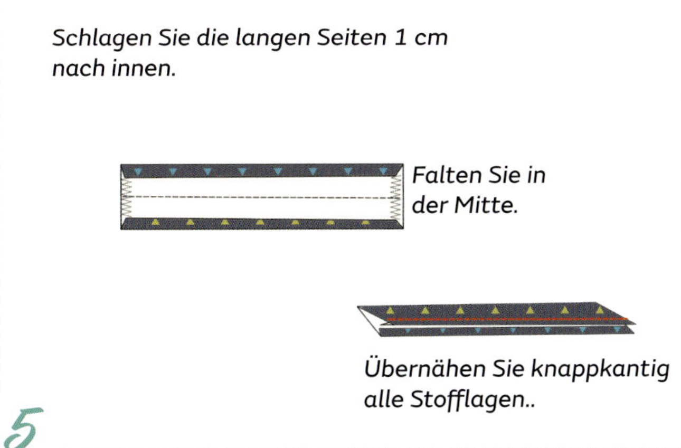

5

Schlagen Sie an den langen Seiten den Rand 1 cm nach innen und bügeln Sie die Kanten. Falten Sie dann den Griff nochmals der Längen nach in der Mitte. Übernähen Sie alle Lagen knappkantig, um den Griff zu schließen.

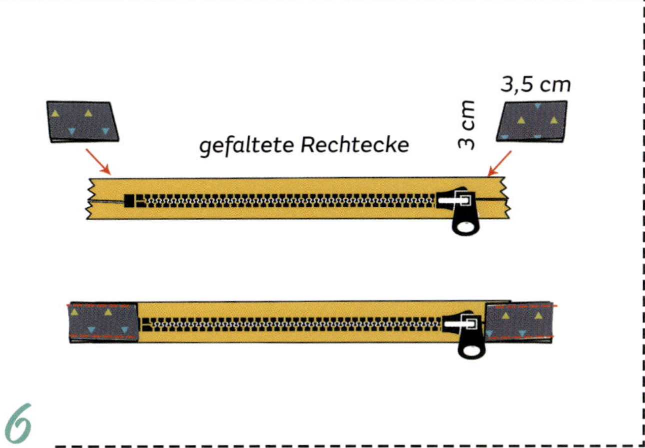

6

Bereiten Sie den Reißverschluss vor, indem Sie aus passendem Stoff zwei kleinen Rechtecke von 3 x 7 cm ausschneiden. Falten Sie diese Rechtecke so, dass Sie jeweils ein Rechteck von 3 x 3,5 cm erhalten. Legen Sie sie (mit der Bruchkante zur Mitte zeigend) auf die Enden der Vorderseite des Reißverschlusses und nähen Sie sie knappkantig mit Geradstich am Reißverschlussband an.

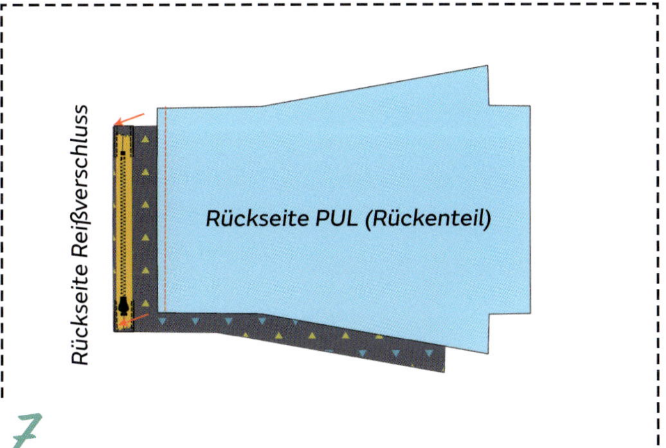

7

Legen Sie den Reißverschluss zwischen die beiden Lagen der größten Stücke (bedruckter Baumwollstoff und PUL-Stoff). Die (rechte) Vorderseite des Reißverschlusses liegt dabei auf der rechten Stoffseite des Außenstoffes. Stecken Sie ab und nähen Sie 5 mm vom Rand entfernt die drei Lagen (der Reißverschluss liegt zwischen den beiden Stoffen) zusammen. Verschieben Sie den Schieber des Reißverschlusses, damit er beim Nähen nicht stört.

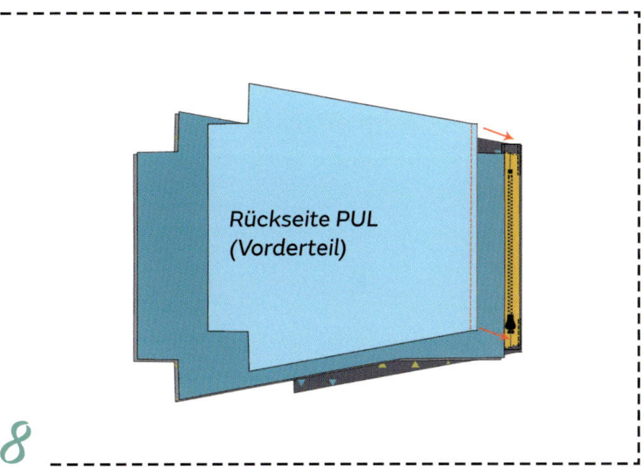

8

Wiederholen Sie die Arbeitsschritte mit den beiden kleineren Stoffstücken (bedruckter Baumwollstoff und PUL-Stoff) und dem anderen Reißverschlussband.

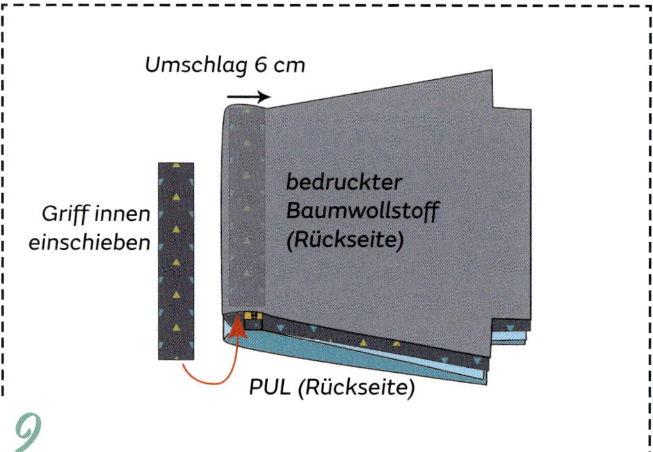

Falten Sie die durch den Reißverschluss miteinander verbundenen Stoffe so, dass rechts auf rechts liegt. Der Reißverschluss muss von der oberen Bruchkante einen Abstand von 6 cm haben. Schieben Sie die Enden des Griffs an der Umschlagfalte zwischen die Stofflagen und stecken Sie die Enden des Griffs auf den Seiten des Beutels fest. Der Griff ist ein wenig länger als der Beutel breit ist, das ist normal: Schieben Sie, was zu viel ist, in die Mitte des Beutels. Am besten stecken Sie zuerst den Boden des Beutels ab und arbeiten dann Richtung Reißverschluss weiter. Stecken Sie die beiden Teile des Beutels separat ab: auf der einen Seite den bedruckten Baumwollstoff, auf der anderen den PUL-Stoff. Sie werden nicht gleichzeitig genäht.

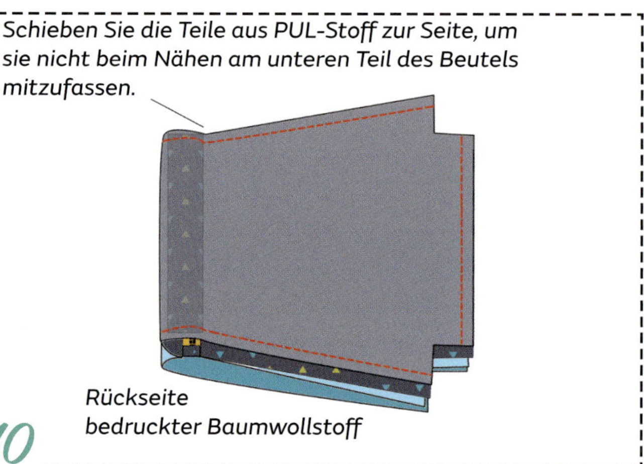

Bedruckter Baumwollstoff mit der Rückseite oben: Beginnen Sie oben am Beutel und nähen Sie die vier Stofflagen gleichzeitig mit Geradstich, 1 cm vom Rand entfernt. Nach dem Reißverschluss ziehen Sie das Futter aus PUL-Stoff darunter weg, um es beim Nähen nicht mitzufassen. Auf diese Weise nähen Sie die beiden langen Seiten und den Boden aus bedrucktem Baumwollstoff. Die rechteckigen Ausschnitte am Boden sparen Sie aus; sie werden im nächsten Schritt genäht. Das Futter aus PUL-Stoff ist nur oben und am Reißverschluss mitgefasst, die unteren Teile bleiben frei.

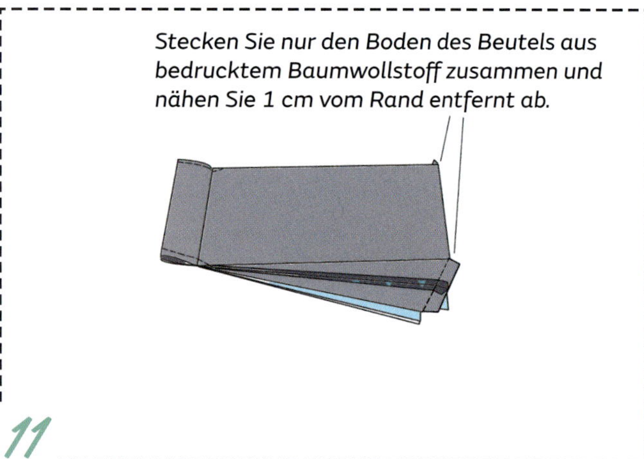

Stecken Sie am Teil aus bedrucktem Baumwollstoff den Boden des Beutels so ab, dass die Seiten- mit den Bodennähten übereinstimmen. Nähen Sie diese beiden Kanten 1 cm vom Rand entfernt ab.

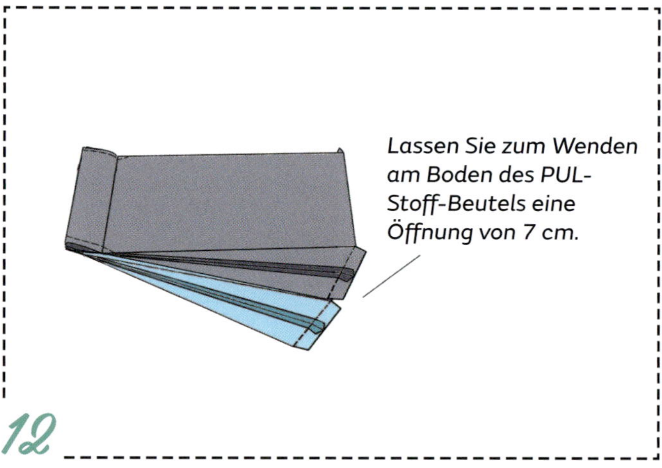

Steppen Sie dann die beiden langen Seiten aus PUL-Stoff und den Boden ab und lassen Sie dabei in der Mitte eine Öffnung von etwa 7 cm zum Wenden. Nähen Sie dann die rechteckigen Ausschnitte wie in Schritt 11 beschrieben. Wenden Sie die Tasche durch die untere Öffnung des PUL-Futters. Das Futter liegt im Beutelinneren. Schließen Sie den Boden des Futters mit der Maschine oder per Hand.

Spucktuch

(Seite 16)

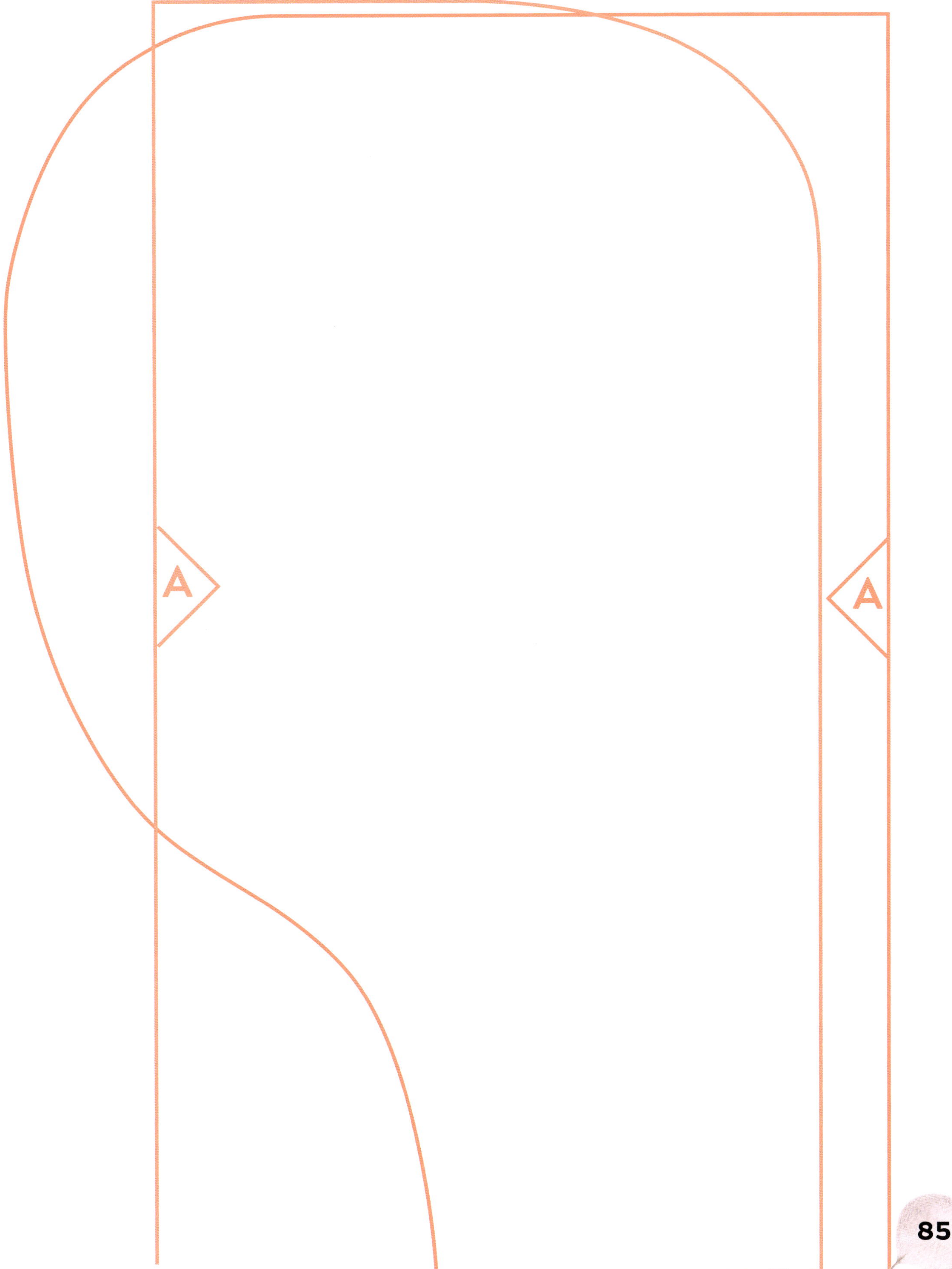

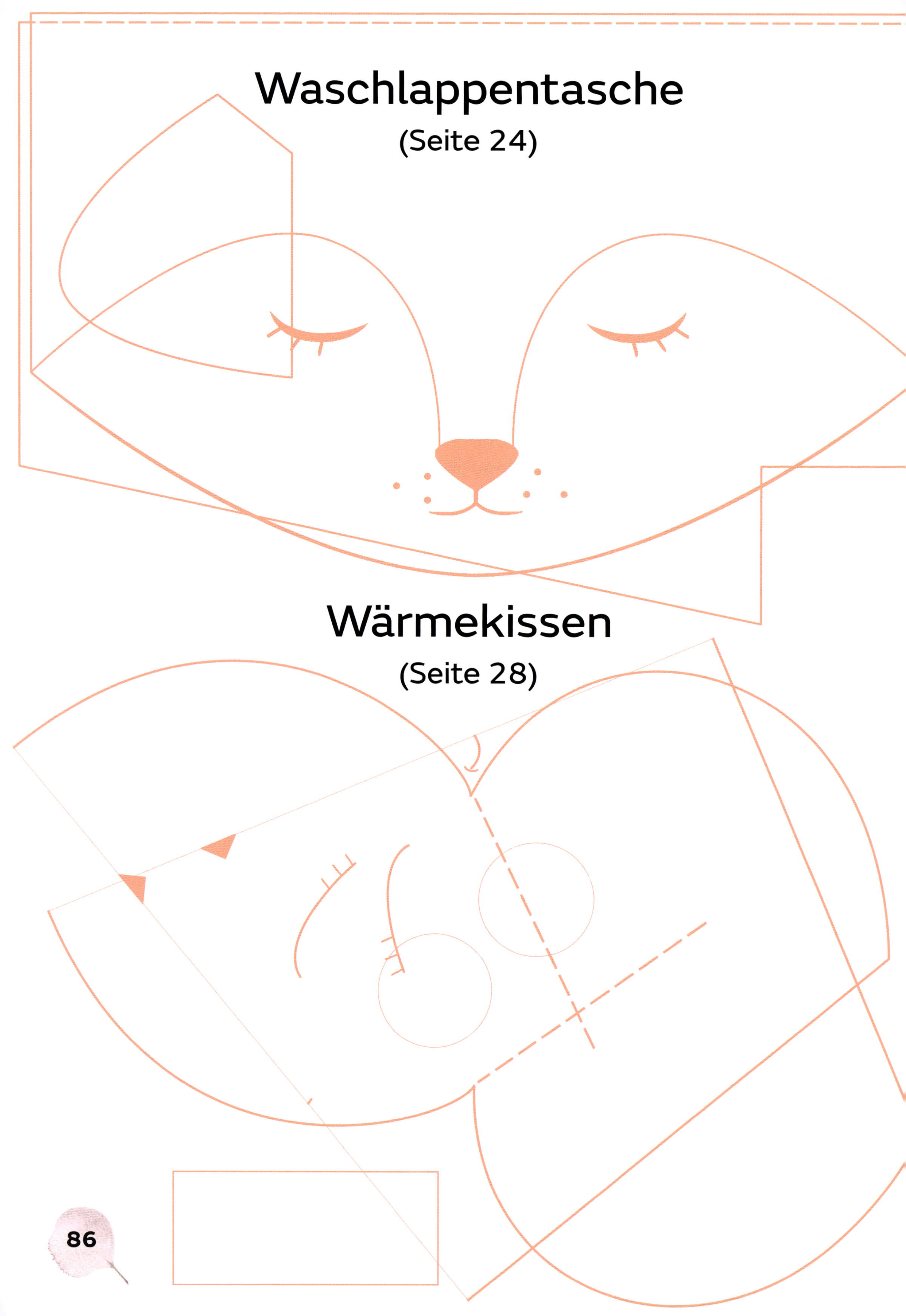
Waschlappentasche
(Seite 24)
Wärmekissen
(Seite 28)

Schmusetuch + Tasche

(Seite 36)

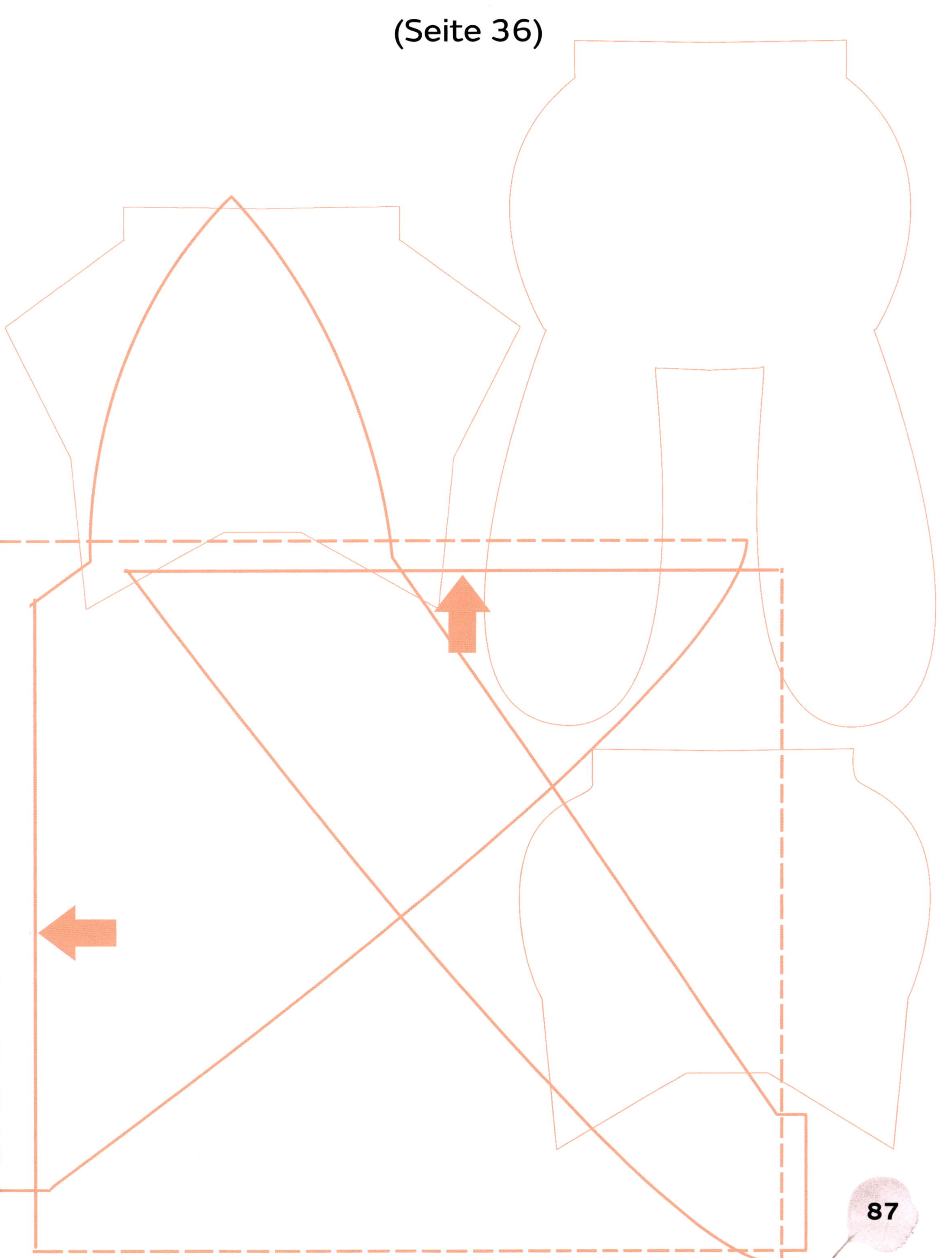

Töpfchen-Trainingshose

(Seite 72)

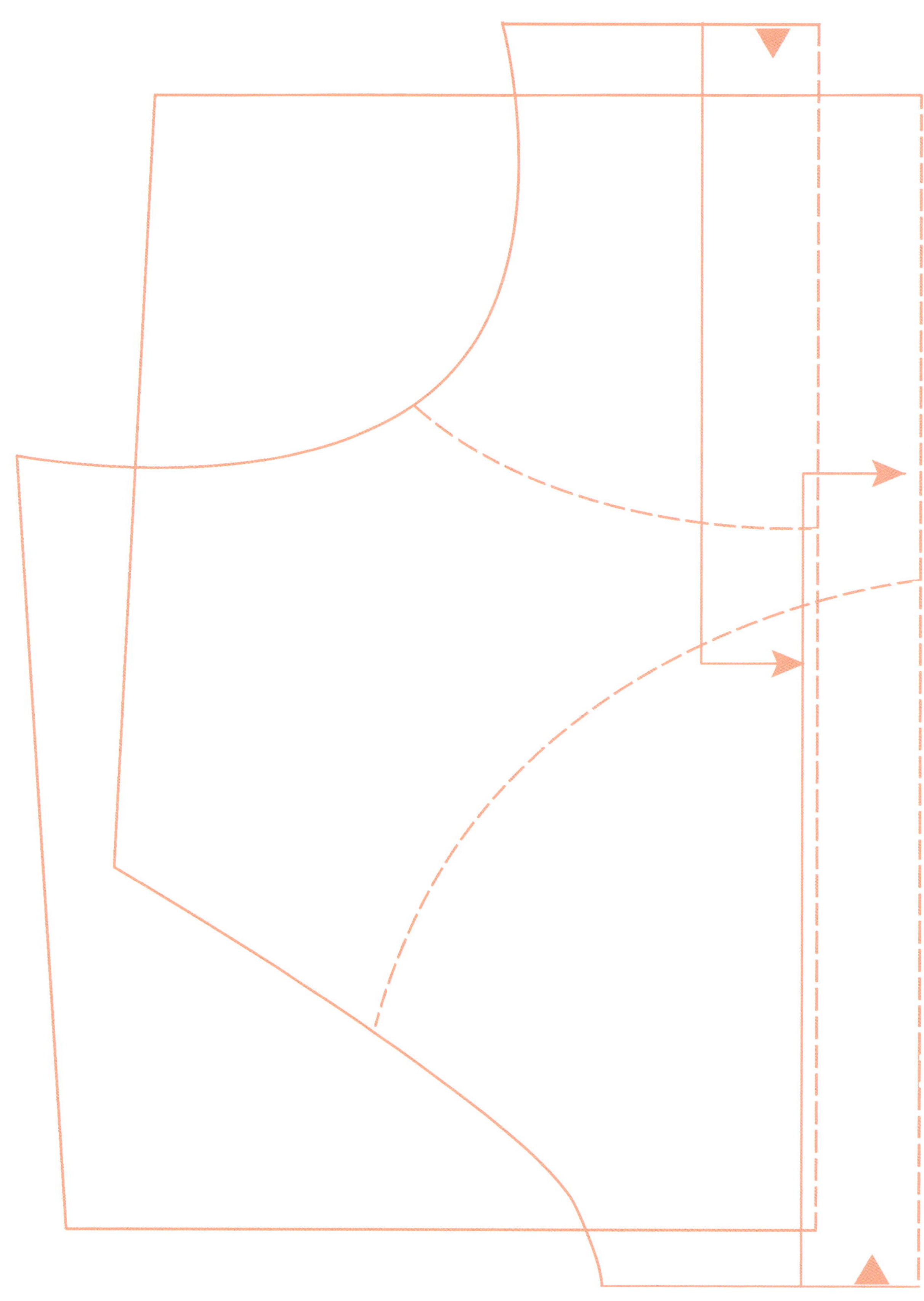

Waschbare Windel Größe L

(Seite 76)

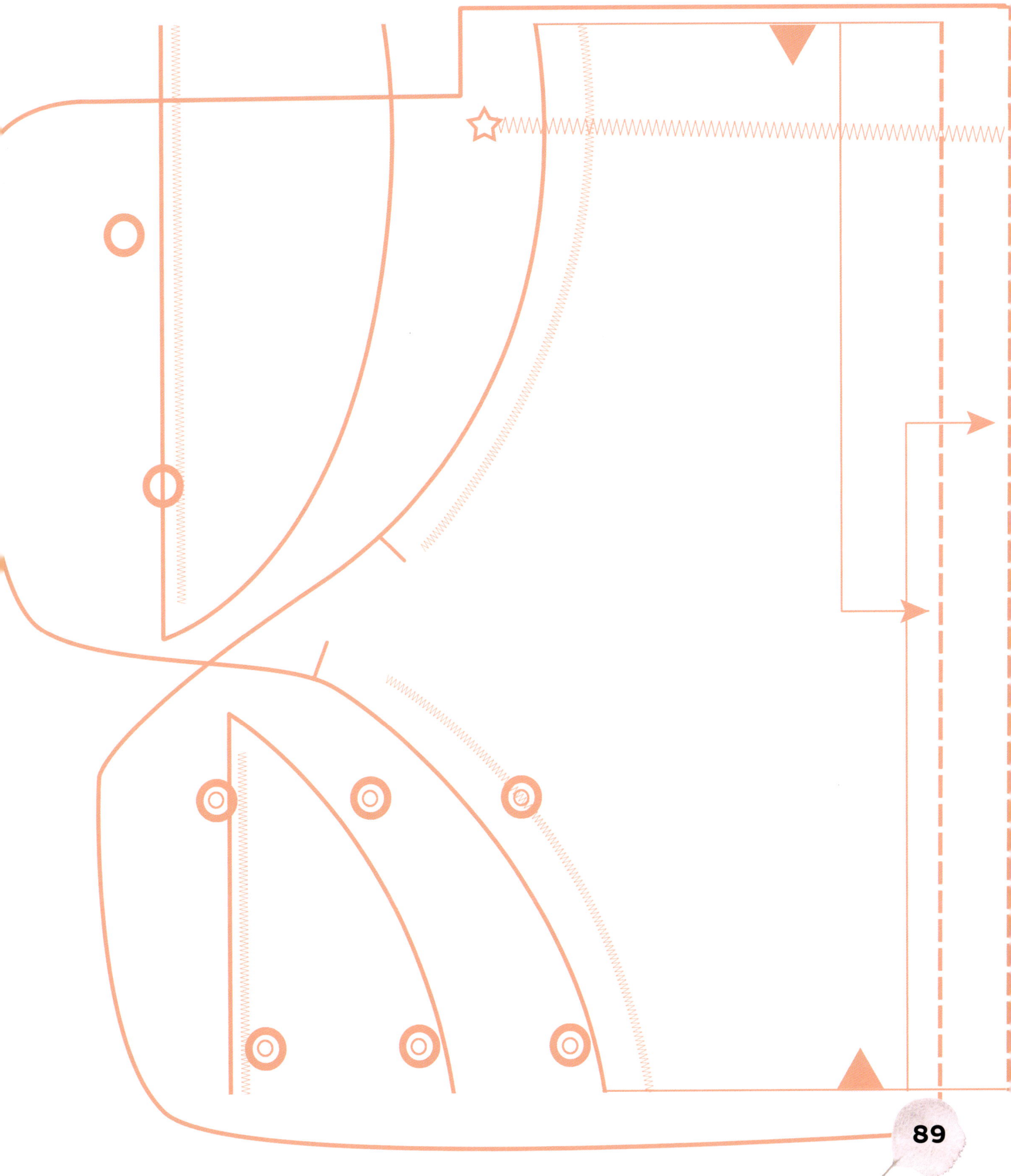

Waschbare Windel Größe M

(Seite 76)

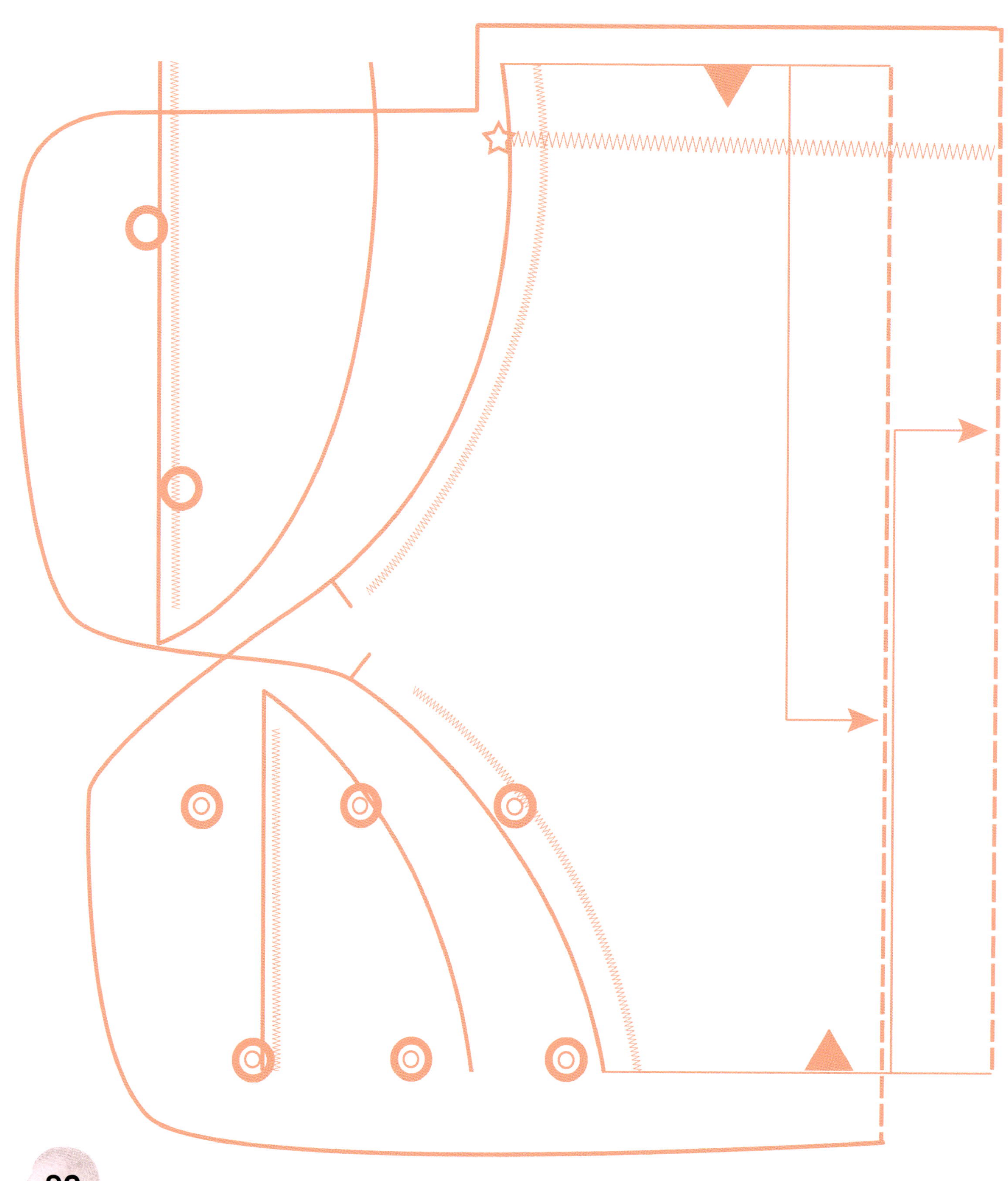

Waschbare Windel Größe S

(Seite 76)

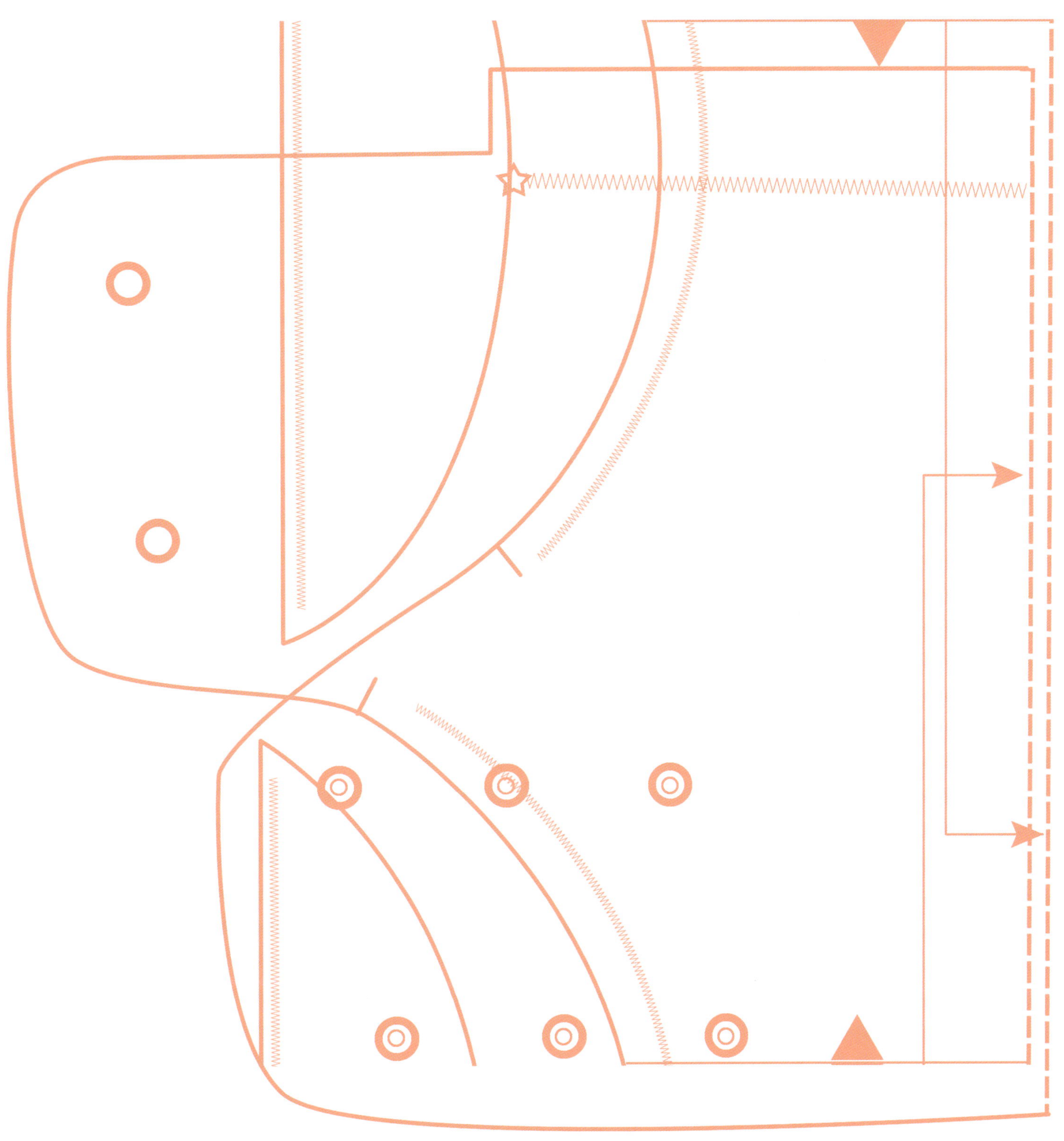

Nackenhörnchen

(Seite 62)

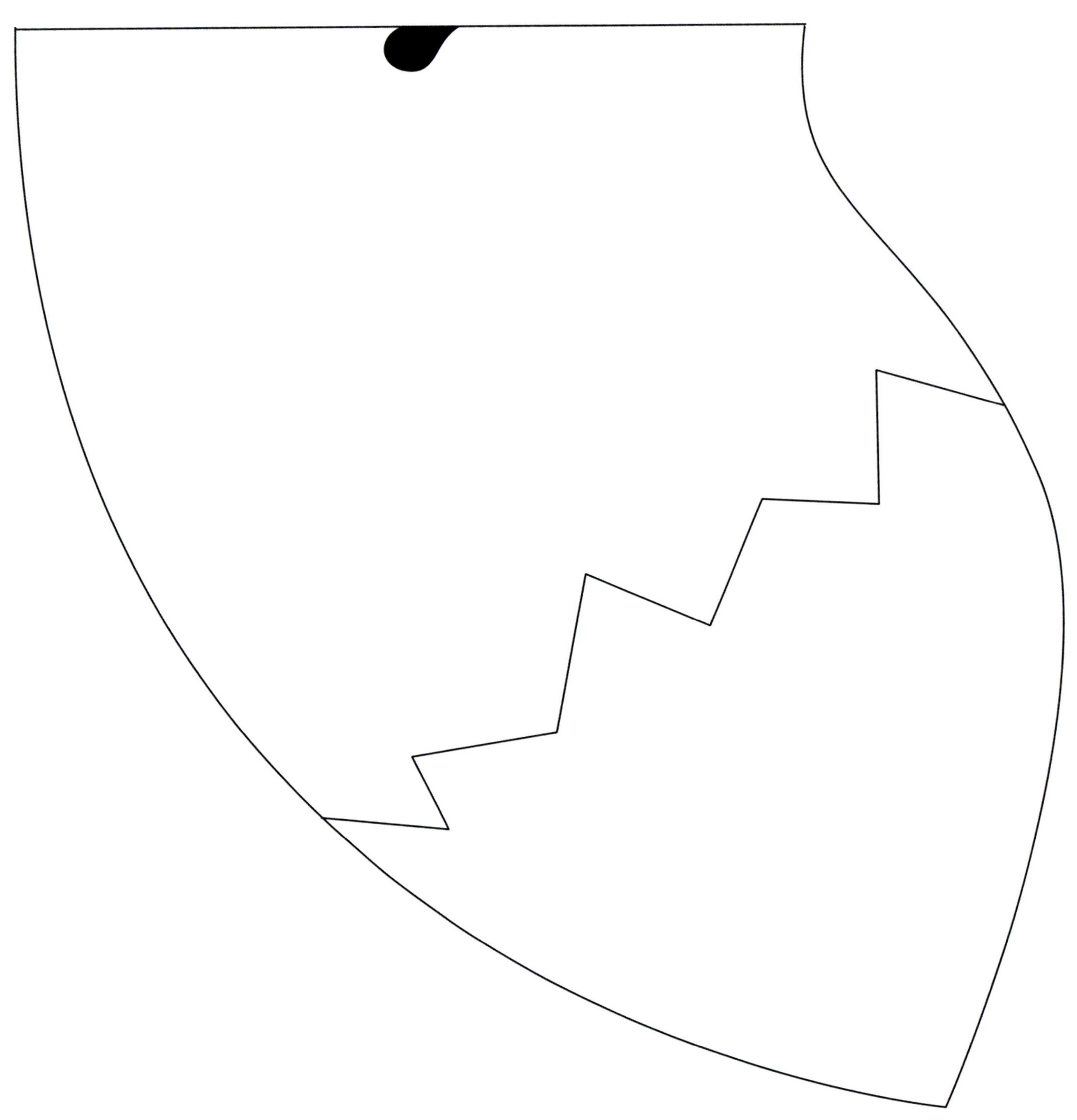

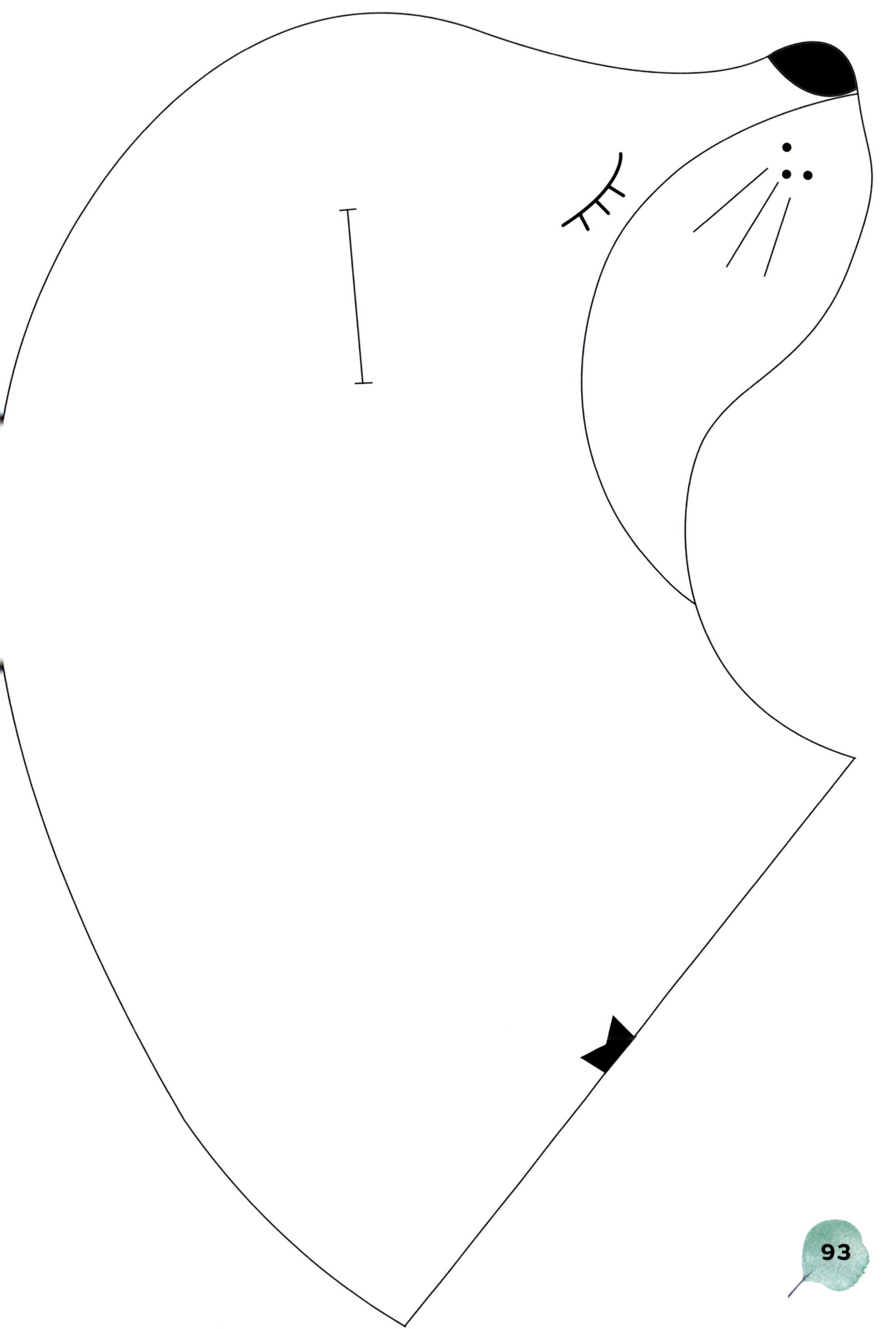

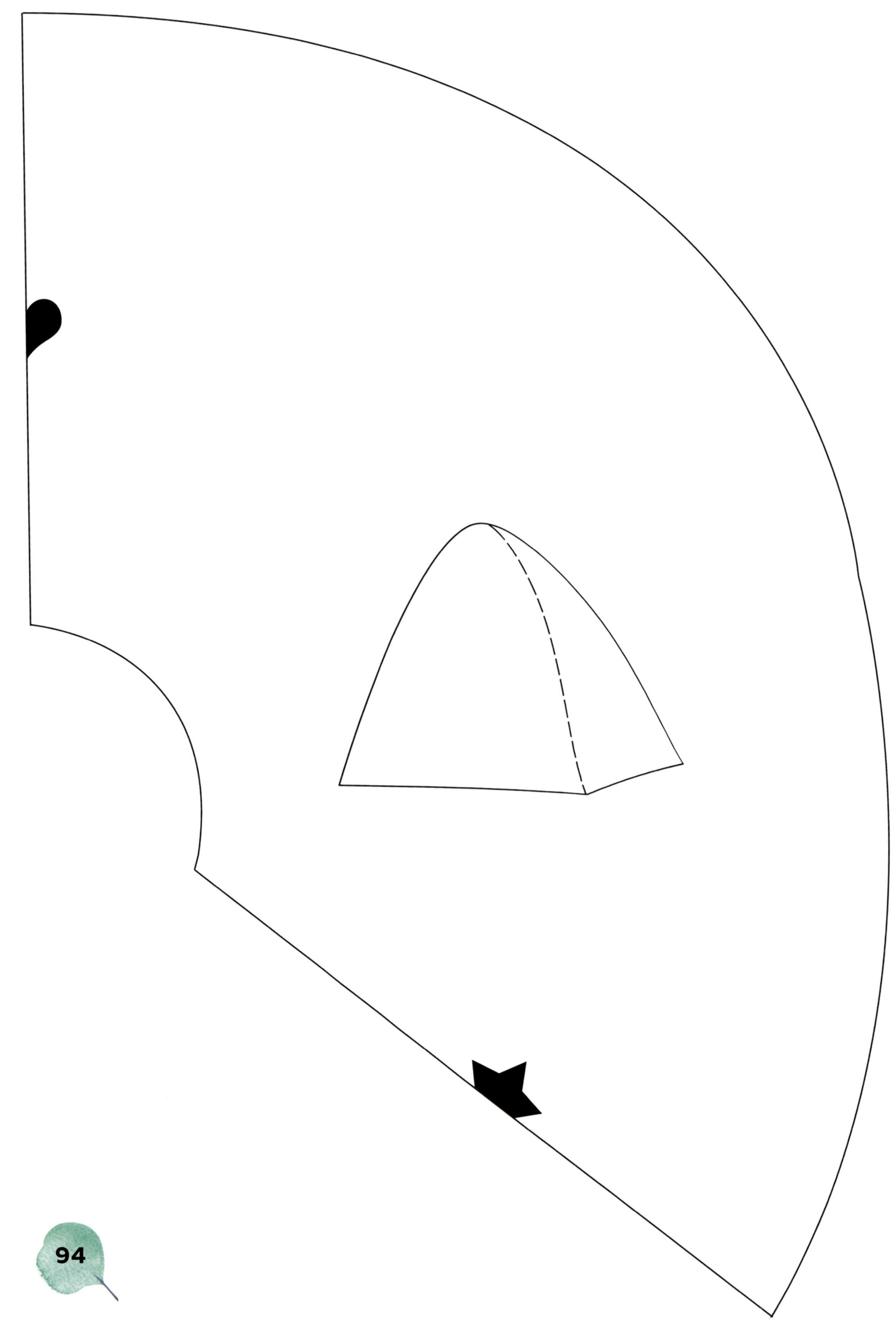

Ein großer Dank geht an meine Familie, die ich liebe und die mich immer unterstützt, sowie an meine vielen lieben Freunde, die ich in der Corona-Pandemiezeit nur virtuell umarmen kann. Außerdem danke ich meiner Lektorin, Mélanie, für ihre Engelsgeduld und Ihnen, liebe Leserinnen und Leser, die sich auf das Abenteuer Zero Waste Nähen einlassen.

Ein Dank auch an die Firma Pfaff für ihre großartigen Nähmaschinen.

ISBN 978-3-8094-4495-4

1. Auflage

Die Originalausgaben erschienen auf Französisch unter den Titeln *Couture zéro déchet objets nomades* (2021) und *Couture zéro déchet pour bébé* (2020)

Fotos: Fabrice Besse

Projektleitung dieser Ausgabe: Dr. Iris Hahner
Umschlaggestaltung: Atelier Versen, Bad Aibling
Übersetzung: Margit Findl, München
Redaktion und Producing: Dr. Alex Klubertanz, Haßfurt
Herstellung: Elke Cramer

Penguin Random House Verlagsgruppe FSC® N001967

Druck und Bindung: Alföldi Nyomda Zrt., Debrecen

Printed in Hungary